BASIC SKILLS

MENTAL MATHS STRATEGIES

YEAR 3

ALAN PARKER & JAN FAULKNER

PASCAL PRESS

CONTENTS

Help section	2
Unit 1	20
Unit 2	22
Unit 3	24
Unit 4	26
Unit 5	28
Unit 6	30
Unit 7 — Fun Spot!	32
Unit 8 — Revision	34
Unit 9	36
Unit 10	38
Unit 11	40
Unit 12	42
Unit 13	44
Unit 14	46
Unit 15 — Fun Spot!	48
Unit 16 — Revision	50
Unit 17	52
Unit 18	54
Unit 19	56
Unit 20	58
Unit 21	60
Unit 22	62
Unit 23 — Fun Spot!	64
Unit 24 — Revision	66
Unit 25	68
Unit 26	70
Unit 27	72
Unit 28	74
Unit 29	76
Unit 30	78
Unit 31 — Fun Spot!	80
Unit 32 — Revision	82
Index to Help section 84	
Answers ..... A1 to A12 (in centre of book)	

Help Section

Questions 1 and 2

Addition
Addition is joining together two or more numbers or amounts to make a total.
We use the sign + to show addition.

e.g. ★★★ + ★★★★★ = ★★★★★★★★
$3 + 5 = 8$

☐ $+ 7 = 10$

6 more than 4
The sum of 4 and 7

Hint: Other words for addition include add, plus, sum (the answer when we add two or more numbers together), more and total.

Addition strategies
You can add numbers in your head using strategies (or little tricks) to help you. Let's look at some of them.

Bridging to ten
e.g. **8 + 5** (answer is 13)
🗣 'You have 8 and need 2 to bridge to 10. So, you take 2 from the 5, and add it to 8, and then add the 3 to get 13.'

Combining numbers that add to 10
e.g. **3 + 4 + 7** (answer is 14)
🗣 'Move the numbers around so that pairs of numbers that add to 10 are together. 3 plus 7 equals 10, so write 3 + 7 + 4. Then add to get 14.'

Using doubles and near doubles
e.g. **5 + 8** (answer is 13)
🗣 '5 + 8 is nearly double 5, so 2 × 5 and add 3 more to get 13.'

Change the order of the addends
e.g. **16 + 8 + 14** (answer is 38)
🗣 'Move the numbers around so that pairs of numbers that add easily are together. 16 plus 14 equals 30, so write 16 + 14 + 8. Then add to get 38.'

Counting on from the larger number to find the total of the two numbers
e.g. **16 + 8** (answer is 24)
🗣 'Start at 16 and count forward 8. So, 16 and 17, 18, 19, 20 21, 22 23, 24. End on 24.'

Jump strategy
Practise this strategy on a real number line on the ground where you can physically jump along the line. Also, practise on printed number lines where you can make the jumps with your pencil. As you become more proficient you can calculate it mentally.

e.g. **27 + 36** (answer is 63)

🗣 'Start on 27. Make 3 long jumps of 10, then 6 short jumps of 1 to add 36. End on 63.'

Bridging the decades
e.g. **32 + 15** (answer is 47)
🗣 'You have 32. You need to take 10 from the 15 and add it to 32 and then add the 5. $32 + 10 + 5 = 42 + 5$ to get 47.'

Split strategy
e.g. **24 + 33** (answer is 57)
🗣 'Split the tens and ones. Add the tens, add the ones, and then find their total.
$24 + 33 = 20 + 30 + 4 + 3 = 50 + 7 = 57$'

Compensation strategy
e.g. **17 + 9** (answer is 26)
🗣 '17 + 9 is nearly 17 + 10 so 17 plus 10 minus 1 to get 26.'

e.g. **54 + 39** (answer is 93)
🗣 '54 + 39 is nearly 54 + 40 so 54 plus 40 minus 1 to get 93.'

📖 Excel Basic Skills Addition and Subtraction Years 3–4

Questions 3 and 4

Subtraction
Subtraction is to take away or find the difference in amount. We use the sign – to show subtraction.

e.g. ★★★★★★★★★★ − ★★★★★★ = ★★★★
$10 − 6 = 4$
The difference between 10 and 6 is 4.

continued...

Hint: Other words for subtraction include subtract, minus, less, less than, take away and difference (the answer when we subtract one number from another).

Subtraction strategies

You can subtract numbers in your head using strategies or (little tricks) to help you. Let's look at some of them.

Counting back from a number to find the number remaining

e.g. **16 − 4** (answer is 12)

'Start at 16 then count back 4 to get 12.'

Counting on or back to find the difference between two numbers

e.g. **12 − 8** (answer is 4)

'Start at 12 and count back until you get to 8. You counted back 4. So the difference between 12 and 8 is 4.'

e.g. **16 − 9** (answer is 7)

'Start at 9 and count forward until you get to 16. You counted forward 7. So the difference between 16 and 9 is 7.'

Jump strategy

Practise this strategy on a real number line on the ground where you can physically jump along. Also practise on printed number lines where you can make the jumps with your pencil. As you become more proficient you can calculate it mentally.

e.g. **45 − 27** (answer is 18)

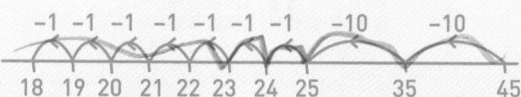

'Start on 45. Jump back 2 long jumps of 10, then 7 short jumps of 1 to subtract 27, giving 18.'

Bridging the decades

e.g. **42 − 15** (answer is 27)

'You have 42. You need to take 10 from the 15 and subtract it from 43 and then subtract the 5. So 42 −15 = 42 − 10 − 5 = 27'

Split strategy

e.g. **36 − 14** (answer is 22)

'Split the tens and ones. Subtract the tens, subtract the ones, and then find the total.
30 − 10 + 6 − 4 = 20 + 2 = 22'

Excel Basic Skills Addition and Subtraction Years 3–4

Questions 5 and 6

Multiplication

Multiplication is repeated addition of the same number. We use the sign × to show multiplication.

Hint: Other words for multiplication include multiply, times, lots of, groups and product (the answer when we multiply two or more numbers together).

e.g. **6 + 6 + 6** (answer is 18)

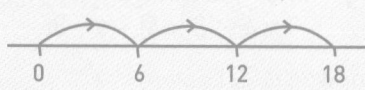

'Here we added 3 lots of 6 to make 18. So 3 × 6 = 18'

Hint: Multiplication is repeated addition, so 4 × 3 means 3 + 3 + 3 + 3.

The order of multiplication does not matter so 5 × 6 = 6 × 5

Here is a tables chart to help you with multiplication.

×	1	2	3	4	5	6	7	8	9	10
1	1	2	3	4	5	6	7	8	9	10
2	2	4	6	8	10	12	14	16	18	20
3	3	6	9	12	15	18	21	24	27	30
4	4	8	12	16	20	24	28	32	36	40
5	5	10	15	20	25	30	35	40	45	50
6	6	12	18	24	30	36	42	48	54	60
7	7	14	21	28	35	42	49	56	63	70
8	8	16	24	32	40	48	56	64	72	80
9	9	18	27	36	45	54	63	72	81	90
10	10	20	30	40	50	60	70	80	90	100

Multiplication strategies

You can multiply in your head using strategies (or little tricks) to help you. Let's look at some of them.

Skip counting

Skip counting is counting forwards or backwards in multiples of a given number.

e.g. **4 × 5** (answer is 20)

'Count 4 lots of 5. So, 5, 10, 15, 20. End on 20.'

Using patterns to multiply

e.g. **2 × 30** (answer is 60)

'You know 2 × 3 ones = 6 ones. So, 2 × 3 tens must equal 6 tens or 60.'

continued...

Reverse operations
If you know one table fact you also know three others.

e.g. **4 × 6** (answer is 24)
'You know 6 × 4 = 24 so 4 × 6 = 24 and 24 ÷ 4 = 6 and 24 ÷ 6 = 4'

Using known facts to work out unknown facts

e.g. **9 × 4** (answer is 36)
'You know that 8 groups of 4 = 32 so you can work out 9 × 4 by adding another group of 4 to 32; 8 × 4 = 32 so 9 × 4 = (8 × 4) + 4 = 36'

e.g. **9 × 8** (answer is 72)
'You know that 10 groups of 8 equals 80 so you can work out 9 × 8 by subtracting one group of 8 from 80 to get 72.
10 × 8 = 80 so 9 × 8 = (10 × 8) – 8 = 72'

Array
An array is an arrangement of objects or numbers in some order.
An array can be used to solve multiplication problems.

e.g. **Use the array to find 3 × 2 and 6 × 1**
(answer is 6)

3 groups of 2   6 groups of 1

'Circle 3 groups of 2.
How many do you have altogether?
Now circle 6 groups of 1.
How many do you have altogether?
3 × 2 = 6 and 6 × 1 = 6'

Factors
A factor is any whole number that can be divided exactly into another number.

e.g. **Factors of 12**
(answer is 1, 12, 2, 6, 3 and 4)
'Which numbers divide exactly into 12?
12 ÷ 1 = 12
12 ÷ 2 = 6
12 ÷ 3 = 4
giving factors of 1, 12, 2, 6, 3 and 4.'

Multiples
A multiple is the product of any two (or more) factors.

For example 3, 6, 9 and 12 are multiples of 3 because 3 is a factor of each.
When we write the 3 times table we find the multiples of 3:
1 × 3 = 3
2 × 3 = 6
3 × 3 = 9
4 × 3 = 12
Here 3, 6, 9 and 12 are multiples of 3.

e.g. **First 3 multiples of 5**
(answer is 5, 10, 15)
'Multiply 5 by 1, 2 and 3 to find the first 3 multiples.
So, 5 × 1 = 5, 5 × 2 = 10 and 5 × 3 = 15'

Product
A product is the answer when 2 or more numbers are multiplied together.

e.g. **Product of 2 and 4**
(answer is 8)
'Multiply 2 and 4 together to find the product which is 8.'

Square numbers
A square number is the answer obtained when a number is multiplied by itself.

e.g.   2 × 2 = 4   5 × 5 = 25
Here 4 and 25 are square numbers.

Square numbers may be represented by dots in the shape of a square to aid understanding.

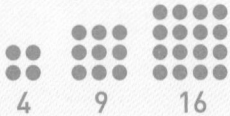

4   9   16

e.g. **What is the square number of 5?**
(answer is 25)
'Draw dots in the shape of a square, so that each row is 5 dots wide and each column is 5 dots long. Then count all the dots, there are 25.'

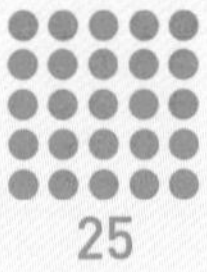

25

Zero
The digit zero is used as a placeholder in numerals. The numeral for zero is 0.
For example, in the number 1 047, there are no hundreds. The numeral 0 represents the place where the hundreds should be.
Zero also means nought, nothing, none or nil.

continued...

e.g. Eight times zero (answer is 0)
'Draw 8 groups.
Remember zero means none.
Put none inside each group.
How many do you have altogether?
I have none.
Eight times zero = zero (0)'

Practical problems

e.g. 2 rows of 4 books (answer is 8 books)
'Draw 2 rows with 4 books in each row.
Count the number of books to get 8.'

Questions 7 and 8

Division

Division happens when groups or numbers are broken into equal parts. Division is repeated subtraction of the same number. We use the sign ÷ to show division.
e.g. 18 – 6 – 6 – 6

Here we were able to take away 6 three times, so there are 3 sixes in 18.
18 ÷ 6 = 3

Use the times table chart on page 3 if you need help.

Hint: Other words for division include divide, share, groups of and quotient (the answer when we divide one number by another).

Sharing

The word 'sharing' describes the distribution of a collection of objects and is asking 'How many in each share?'
It is most important that students understand that the shares have to be equal or fair.

e.g. Share 10 between 5 (answer is 2)
'If 10 pencils are shared between 5 students, how many does each get?
They each get 2.
There are 2 in each share.'

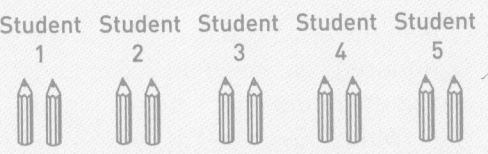

Grouping

The word 'group' describes a collection of objects and is asking 'How many groups are there?'
It is most important that students understand that the groups have to be equal. So it is important that they recognise odd and even numbers.

e.g. Put 12 into groups of 4
(answer is 3)
'You have 12 pencils.
Give 4 to each friend.
How many friends will get pencils?
If you gave 4 to Jo, 4 to Sam and 4 to Kris, you have no more pencils left.
You gave pencils to 3 friends.
You made 3 groups.'

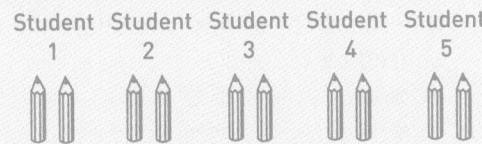

e.g. Put 10 into groups of 2
(answer is 5)
'If you have 10 pencils and each student is to get 2, how many students will get pencils?
You gave out 2, then 2 more, then 2 more, then another 2 and then the last 2.
Five students will get 2 pencils each.
You made 5 groups.'

This form of division is repeated subtraction.
So in the above example 10 ÷ 2 means:
10 – 2 – 2 – 2 – 2 – 2 = 0

Remainder

When we divide one number into another number, we don't always get a whole number for the answer. Sometimes we have a little bit left over and we call this a remainder.

e.g. 11 ÷ 2 (answer is 5 r 1)

'Here, 2 can be subtracted five times but there is still one left over. We say the answer is 5 remainder 1 or 5 r 1.'

continued...

Division strategies

You can divide numbers in your head using strategies (or little tricks) to help you.
Let's look at some of them.

Reverse operations

If you know one table fact, you also know three others.

e.g. 24 ÷ 6 (answer is 4)

'You know 6 × 4 = 24 so 24 ÷ 6 = 4 and 24 ÷ 4 = 6 and 4 × 6 = 24.'

Using known facts

e.g. 32 ÷ 5 (answer is 6 remainder 2)

'You know 6 × 5 = 30 and 7 × 5 = 35. Here, 7 × 5 is too much but 32 is just 2 more than 30 so there is a remainder. Answer is 6 remainder 2.'

Test for divisibility

Divisible by 2

The answer must be even (end with digits 0, 2, 4, 6, or 8).

e.g. 22 ÷ 2 = 11
       36 ÷ 2 = 18
       Here, 22 and 36 are even numbers that are divisible by 2.

Array

An array is an arrangement of objects or numbers in some order.
An array can be used to solve division problems.

e.g. **Use the array to find one share if 8 is shared by 2.** (answer is one share is 4)

'Share the 8 counters into 2 groups. How many in each group? This gives 4.'

Fair share

Means all shares are equal.

e.g. **Is this a fair share?** (answer is no)

'Count the number in each group to find if they are the same.
If they are the same then it is a fair share.
This is not a fair share. One group has 3 and the other group has 4.'

e.g. **Show a fair share for 2** (answer is 4)

'Count how many are in the picture. Find that number of counters and fair share them into 2 piles.
How many are in each group?
There are 4.'

📖 Excel Basic Skills Multiplication and Division Years 3–4

Question 9

Place value

Place value tells us the value of each digit depending on where it is placed in a number.

e.g. 4 719 is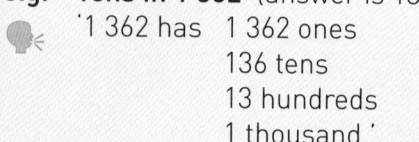

Reading place value

By reading place value carefully, we can find how many ones, tens, hundreds, thousands there are in a number.

e.g. **Tens in 1 362** (answer is 136 tens)

'1 362 has 1 362 ones
             136 tens
             13 hundreds
             1 thousand.'

e.g. **Write the number for 12 tens**
(answer is 120)

'We can also write this as 12 groups of 10 or 12 × 10 or 120.'

Expanded notation

Expanded notation is a way of writing numerals to show the place value of each digit.

e.g. 1 000 + 600 + 30 + 4
(answer is 1 634)

'Here: 1 is in the thousands column
        6 is in the hundreds column
        3 is in the tens column
        4 is in the ones column,
        giving 1 634.'

e.g. 247 = 200 + ☐ + 7

(answer is 200 + 40 + 7)

'Here 2 is in the hundreds column,
4 is in the tens column and
7 is in the ones column.
2 hundreds is shown as 200,
so what should 4 tens be shown as?
40, giving 200 + 40 + 7.'

continued...

e.g. **6 hundreds + 3 tens + 8 ones**
(answer is 638)
'Here we can also read this as
600 + 30 + 8.
Write the numeral just the way it sounds
when we read it as a number, 638.'

Numerals in words

Sometimes we need to write a numeral in words. A hyphen is used between the tens and the ones.

e.g. **Write 1 842 in words**
(answer is one thousand eight hundred and forty-two)
'Write the numeral just the way it sounds when we read it as a number, one thousand eight hundred and forty-two.'

Larger and smaller numbers

We must know if numbers are larger or smaller than other numbers.

e.g. **Is 17 smaller than 71?** (answer is yes)
'17 is 1 ten + 7 ones while
71 is 7 tens + 1 one.
So 17 is smaller as it has only 1 ten.'

e.g. **Circle the largest number: 236, 326, 263**
(answer is 326)
'Write each number in expanded notation:
200 + 30 + 6; 300 + 20 + 6 and 200 + 60 + 3.
We can see that 326 is the largest because it has 3 hundreds while the others have 2 hundreds.'

e.g. **Number 200 more than 439** (answer is 639)
'Write 439 in expanded notation, so, 400 + 30 + 9 and add 200 giving 639.'

Abacus

The abacus is a useful tool for understanding place value relationships.

e.g. **Write the numeral:**
(answer is 1 537)
'Count the beads for each place on the abacus and write them in the same order as you read them giving 1 537.'

e.g. **Write the numeral:**
(answer is 1 209)
'Count the beads for each place on the abacus and write them in the same order as you read them. There are no counters in the tens place so use zero to hold the place, giving 1 209.'

Base ten material

Base ten material is a useful tool for understanding place value relationships.

e.g. **Write the numeral:**

(answer is 1 634)
'Each cube shows 1 thousand,
each flat shows 1 hundred,
each long shows 1 ten and
each short shows 1 one.
Count each set of blocks and write the numeral, 1 634.'

Digits

A digit is a symbol used to write a numeral. We use the digits 0, 1, 2, 3, 4, 5, 6, 7, 8 and 9 to write all of our numerals. 7 is a one-digit number while 2 359 is a four-digit number.

e.g. **How many digits in 1 506?** (answer is 4)
'We use digits from 0 to 9 to write all of our numerals.
Count the digits you need for this numeral. There are 4.'

Numerals

A numeral is a symbol used to represent a number.

e.g. **Numeral for one thousand, three hundred and six** (answer is 1 306)
'Write the numeral just the way it sounds when we read it in words. Remember to use a zero to hold the place for the missing tens giving 1 306.'

Numeral expander

A numeral expander is a useful tool to aid the understanding of place value relationships. It allows us to express a number in various ways.

e.g. 1634   One thousand six hundred and thirty-four

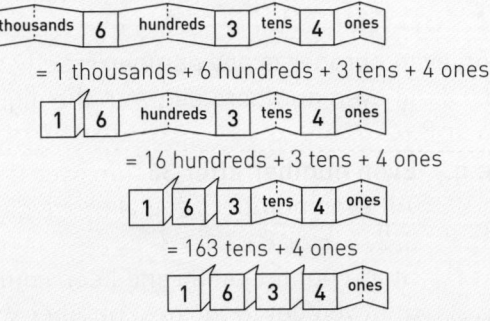

continued…

e.g. | 1 | thousands | 4 | hundreds | 7 | tens | 3 | ones |

(answer is 1 473)

🗣 'Write the numeral just the way it sounds, giving 1 473.'

A numeral expander may be folded to find how many ones, tens, hundreds, thousands there are in a number.

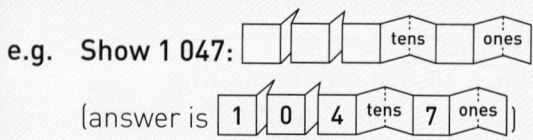

e.g. Show 1 047: [ ][ ][tens][ones]

(answer is | 1 | 0 | 4 | tens | 7 | ones |)

🗣 'The numeral expander has been folded to hide the words for thousands and hundreds.
Fill the numeral expander for the tens and the ones using all of the digits. There are 104 tens and 7 ones giving 1 047.'

e.g. | 1 | 5 | 0 | tens | 6 | ones | (answer is 1 506)

🗣 '150 tens is another way of writing 1 500. Here the number also has 6 ones. Write the number as it looks, 1 506.'

Zero

The digit zero is used as a placeholder in numerals.

e.g. Show 1 905:

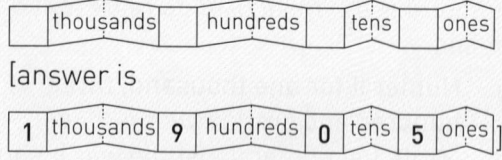

| thousands | hundreds | tens | ones |

[answer is

| 1 | thousands | 9 | hundreds | 0 | tens | 5 | ones |]

🗣 'When we write 1 905 as a numeral, 0 is a placeholder for the missing tens. Write the numeral the way it sounds.'

📖 Excel Basic Skills Addition and Subtraction Years 3–4

Questions 10 and 11

Even numbers

An even number is any number exactly divisible by 2. All even numbers end with the digits 0, 2, 4, 6 or 8.

e.g. **Even number after 36** (answer is 38)
🗣 'All even numbers end with the digits 0, 2, 4, 6 or 8.
Start counting at 36 and keep counting until you get to the next number with an even digit in the ones place, 38.'

Odd numbers

An odd number is any number not exactly divisible by 2. All odd numbers end with the digits 1, 3, 5, 7 or 9.

e.g. **Odd number before 41** (answer is 39)
🗣 'All odd numbers end with the digits 1, 3, 5, 7 or 9. Start counting at 41 and keep counting backwards until you get to the next number with an odd digit in the ones place, 39.'

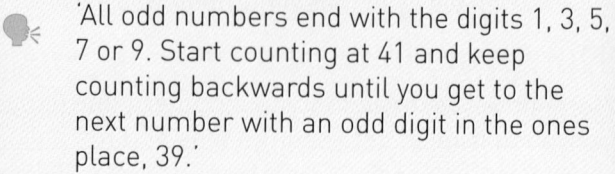

Number patterns

Inserting a missing element in a number pattern

e.g. 13, 23, 33, ____ , 53, 63 (answer is 43)
🗣 'What is the rule for this number pattern? What is it counting by and is it counting forwards or backwards? Counting forwards by 10 so the missing number is 43.'

Recognising and completing patterns when counting forwards or backwards

e.g. 3, 6, 9, 12, ____ (answer is 15)
🗣 'What is the rule for this number pattern? What is it counting by and is it counting forwards or backwards?
We are counting forwards by 3, giving 15.'

Ordinal numbers

An ordinal number is a number that describes the place or the order in which things occur. 1st, 2nd and 3rd are all numbers that show position or order. They may also be written as a word, first, second, third etc.

e.g. **Ordinal number after twenty-first**
(answer is 22nd, twenty-second)
🗣 'What is the number after 21? Write it as an ordinal number, 22nd, twenty-second.'

Tally marks

Tally marks help us to keep count by making a mark to represent each item. To make counting easy, the marks are drawn in groups of five, with the fifth mark crossing the four preceding marks.

e.g. **Tally marks for 7** (answer is ||||̸ ||)
🗣 'Count to 4 and each time you say a number, put a stroke on your paper. When you say 5, put a line through the other 4 strokes, then put a new stroke for 6 and another for 7 to get ||||̸ ||).'

continued...

Number relationships and number sentences

The left hand side of the equals sign, 'is the same as' the right hand side.

e.g. $4 \times 4 = 8 \times \boxed{}$ (answer is 2)

🗣 'Which side of the equals sign has all of the information you need to calculate the answer?
Now work out that side.
Yes, $4 \times 4 = 16$, so the other side of the equals sign has to equal 16.
We say 8 times what equals 16?
$8 \times 2 = 16$ so the answer is 2.'

Questions about the equals sign have been written in various ways. To aid understanding use the same strategy outlined above.

In addition it does not matter what order you add two numbers, the answer will always be the same.
e.g. $5 + 2 = 2 + 5$

In multiplication it does not matter what order you multiply two numbers, the answer will always be the same.
e.g. $3 \times 4 = 4 \times 3$

Multiplication and division facts are linked.
e.g. $10 \times 2 = 20$ and $2 \times 10 = 20$
so $20 \div 2 = 10$ and $20 \div 10 = 2$

Calculate missing values to complete a number sentence

A number sentence uses a shape to represent a missing numeral.

e.g. $24 = 20 + \boxed{}$ (answer is 4)

🗣 'We want 24. We have 20.
How many do we count on to get 24.
We count on 4.'

e.g. $16 - \boxed{} = 10$ (answer is 6)

🗣 'We want 10. We have 16.
How many do we count back to get 10?
We count back 6.'

e.g. $3 \times \boxed{} = 12$ (answer is 4)

🗣 'We want 12. We have 3 groups.
How many do we put in each group to make 12 altogether?
We put 4 in each group.'

e.g. $10 \div \boxed{} = 2$ (answer is 5)

'This is saying you have 10.
Give 2 to each friend.
How many friends will get 2 each?
5 friends, so $10 \div 5 = 2$.
The missing number is 5.'

'Another way of thinking about this is to remember your times tables.

So, $10 \div \boxed{} = 2$ is linked to $2 \times 5 = 10$,

so $10 \div 5 = 2$. The missing number is 5.'

📖 Excel Basic Skills Addition and Subtraction Years 3–4
📖 Excel Basic Skills Problem Solving Years 3–4

Questions 12 and 13
Fractions and decimals

A fraction is any part of a whole or group.

A **common fraction** is written as $\frac{a}{b}$ where:

a (numerator) is the number of equal fraction parts

b (denominator) is the number of equal parts that the whole has been divided into.

e.g. $\frac{3}{5}$ shows 3 out of 5 equal parts.

$\frac{3}{5}$ ← numerator
← denominator

The numerator is the upper number on a fraction. The denominator is the lower number.

A **decimal fraction** is a fraction that has been made from a whole that has been divided into 10 (tenths) or 100 (hundredths) equal parts. A decimal fraction uses a decimal point.

e.g. 25 out of 100 equal parts

$\frac{25}{100}$ equal parts

so the decimal fraction is 0·25

e.g. 7 out of 10 equal parts

$\frac{7}{10}$ equal parts

so the decimal fraction is 0·7

continued...

Fractions denoting one or more equal parts of a whole

e.g. **What part of this shape is coloured?**

(answer is $\frac{1}{4}$)

🗣 'How many equal parts has this whole circle been divided into? 4 parts.
How many parts are coloured?
1 part coloured. Fraction coloured is $\frac{1}{4}$.'

e.g. **What fraction is coloured?**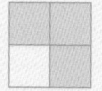

(answer is $\frac{3}{4}$)

🗣 'How many equal parts has this whole square been divided into? There are 4 parts. How many parts are coloured? 3 parts are coloured.

The fraction coloured is $\frac{3}{4}$.'

e.g. **How many quarters in one whole?**
(answer is 4)

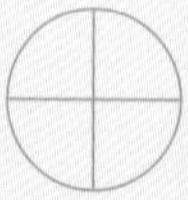

🗣 'Draw a whole pizza.
Use lines to cut it into 4 equal pieces.
Each piece is called a quarter.
How many quarters have you made?
You have made 4 quarters.
There are 4 quarters in a whole.'

Students should use and discuss fractions in their daily life in relation to a whole object. For example, cutting a pizza, a sandwich or a piece of fruit will help their understanding that $\frac{1}{4}$ is less than $\frac{1}{2}$ and that $\frac{1}{2} = \frac{2}{4} = \frac{4}{8}$
(See: Fractions are equivalent if they have the same value below.)

Fractions denoting equal parts of a group or collection

e.g. **What fraction is coloured?**

 (answer is $\frac{2}{5}$)

🗣 'How many equal parts are in the group?
There are 5 parts.
We write that as the lower number.
How many parts are coloured?
2 parts are coloured.
We write that as the upper number.

The fraction coloured is $\frac{2}{5}$.'

Students should be given opportunities to use and discuss fractions in relation to a group or a collection of objects. For example, sharing a packet of lollies with a friend so that they each receive half.

Fractions working as an operator to divide

e.g. **Half of 8 or $\frac{1}{2}$ of 8** (answer is 4)

🗣 'Get 8 counters.
Share (divide) them into 2 equal groups.
How many in each group?
There are 4 in each group,
so half of 8 is 4.'

Fractions are equivalent if they have the same value

e.g. $\frac{1}{2} = \frac{2}{4}$ **True/false** (answer is true)

🗣 'Draw a whole pizza.
Use lines to cut it into
2 equal pieces.
Each piece is called a half.
Now use another line to cut it
into 4 equal pieces.
Each piece is called a quarter.
Look at just one half.
How many quarters has one half been cut into?
One half has been cut into two quarters.

So $\frac{1}{2} = \frac{2}{4}$ is true.'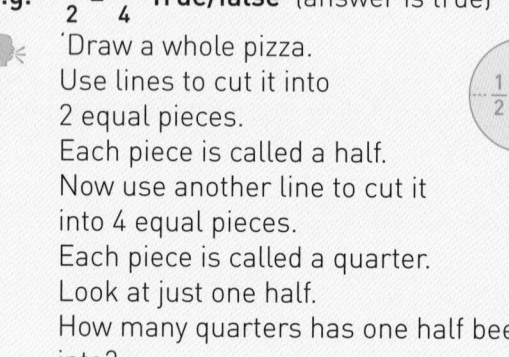

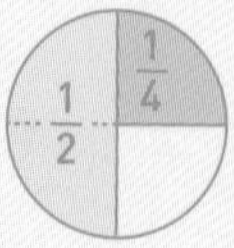

Questions about equivalent fractions have been written in various ways. To aid understanding use the strategy of cutting a pizza (or a sandwich.)
Other ways of asking questions about equivalent fractions:

e.g. 2 eighths = ____ quarters
How many eighths in 1 whole?

Fractions denote a number

On a number line $\frac{1}{2}$ is halfway between 0 and 1.

e.g. **Is $\frac{1}{2}$ less than $\frac{1}{4}$?** (answer is no)

'Draw a number line numbered between 0 and 1.
Use lines to cut it into 2 equal pieces.
continued...

Each piece is called a half.
Now draw another line the same and use lines to cut it into 4 equal pieces.
Each piece is called a quarter.

Is $\frac{1}{2}$ less than $\frac{1}{4}$? No.'

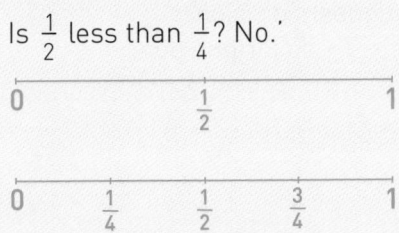

Questions about fractions as a number have been written in various ways. To aid understanding, use the strategy of placing the fractions on a number line.

Fractions and decimals are linked

Fractions and decimals appear to be different but they are equivalent if they have the same value.

e.g. **Write the fraction for 0·35**

(answer is $\frac{35}{100}$)

🗣 'We can write the decimal fraction 0·35 as: 35 out of 100 equal parts and

$\frac{35}{100}$ equal parts'

e.g. **Write the fraction for 0·1**

(answer is $\frac{1}{10}$)

🗣 'We can write the decimal fraction 0·1 as: 1 out of 10 equal parts and

$\frac{1}{10}$ equal parts'

e.g. **Write the decimal for $\frac{27}{100}$**

(answer is 0·27)

🗣 'We can write the fraction $\frac{27}{100}$ as: 27 out of 100 equal parts and 0·27'

e.g. **Write the decimal for $\frac{1}{2}$**

(answer is 0·5)

🗣 'We can write the fraction $\frac{1}{2}$ as: 5 out of 10 equal parts and

$\frac{5}{10}$ equal parts'

e.g. **Which is smaller, 0·2 or $\frac{3}{10}$?**

(answer is 0·2)
'We can write the decimal 0·2 as: 2 out of 10 equal parts and

$\frac{2}{10}$ equal parts.

Now we can see which is smaller. 0·2 is smaller.'

Money

Students need hands-on experiences in using coins and notes in real-life situations.
When we go shopping, we may use coins or notes.

Addition and subtraction of money

We use the same strategies to add or subtract money that we use to add or subtract ordinary numbers but we have to remember to write the dollar ($) and cent (c) signs.

e.g. **20c + 5c** (answer is 25c)
'Start at 20c and count forward 5 to get 25c.'

🗣

e.g. **$1 – 75c** (answer is 25c)
'We can write $1 as 100 cents.
Now we read it as 100c – 75c.

🗣 Start at 75 and count forward until you get to 100.
How many did you count forward?
You counted forward 25.
So $1 – 75c is 25c.'

Learn the shopkeeper's method of finding change

e.g. **Change from $1 if I spent 75c**
(answer is 25c)
'75c + 5c is 80c plus 20c is $1.

🗣 Now add the 5c and 20c you counted, 25c.
So $1 – 75c = 25c change.'

Multiplication and division of money

We use the same strategies to multiply or divide money that we use to multiply or divide ordinary numbers but we have to remember to write the dollar ($) and cent (c) signs.   continued...

11

e.g. **4 heaps of 10 cent coins**
(answer is 40c)
'We can write this as 4 × 10c to get 40c.'

e.g. **Share 40 cents between 2 girls**
(answer is 20c)
'If 40 cents is shared between 2 girls, how many does each get? They each get 20c.'

Changing dollars and cents

e.g. **$1.50 as cents** (answer is 150 cents)
'We have $1.50.
How many cents are in $1?
Now add that to 50 cents,
100c + 50c = 150 cents.'
'Another way of thinking about this is to know that to change dollars to cents we multiply by 100.
$1.50 × 100 = 150 cents'

Hint: You can remove the dollar sign and decimal point to get the same answer.

Problem solving with money

To solve problems with money, we first need to understand what operation is involved. It may be addition, subtraction, multiplication or division. Key words such as saved, spent, change, heaps of, at … each, share, cost of one can help us to understand what to do.

e.g. **I had 60c but saved 20c more. How much now?** (answer is 80c)
'Saved suggests addition
so 60c + 20c gives 80c.'

e.g. **I had 75c but spent 30c. How much left?**
(answer is 45c)
'Spent suggests subtraction
so 75c − 30c = 45c'

e.g. **Change from 50c if I spent 30c**
(answer is 20c)
'Change suggests subtraction
so 50c − 30c = 20c'

e.g. **2 heaps of 30c**
(answer is 60c)
'Heaps of suggests multiplication
so 2 × 30c = 60c'

e.g. **Cost of 3 pens at 20c each**
(answer is 60c)
'At 20c each suggests multiplication
so 20c × 3 = 60c'

e.g. **Share 50c between 2 girls**
(answer is 25c each)
'Share suggests division
so 50c ÷ 2 = 25c each'

e.g. **3 pens cost 15c. How much for one?**
(answer is 5c)
'Here, we know the cost of 3 but want the cost of one.
This suggests division
so 15c ÷ 3 = 5c for one pen.'

📖 Excel Basic Skills Introduction to Fractions & Decimals Years K–3
📖 Excel Basic Skills Fractions, Decimals & Percentages Years 3–6

Question 14

Length

Length is the distance from one end to the other end.
Students should know the parts of an object connected with distance such as length, width, breadth, height and depth.

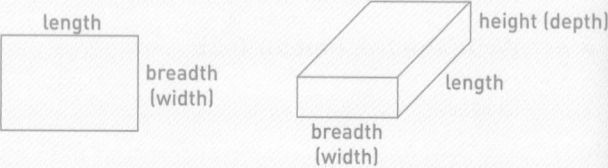

Units of length

millimetre (mm)   centimetre (cm)
metre (m)   kilometre (km)

You should know this table:

10 mm = 1 cm
100 cm = 1 m
1 000 m = 1 km

e.g. **Measure the length of the line in mm**

———————

(answer is 25 mm)
'Use a ruler to measure the length, 25 mm.'

Converting different lengths

To convert millimetres (mm) to centimetres (cm), we divide by 10.
e.g. 20 mm = 20 ÷ 10 cm
       = 2 cm

      46 mm = 46 ÷ 10 cm
       = 4·6 cm

To convert centimetres (cm) to millimetres (mm), we multiply by 10.
e.g. 7 cm = 7 × 10 mm
       = 70 mm   continued…

To convert centimetres (cm) to metres (m), we divide by 100.
e.g. 300 cm = 300 ÷ 100 m
             = 3 m

   134 cm = 134 ÷ 100 m
          = 1·34 m

To convert metres (m) to centimetres (cm) we multiply metres by 100.
e.g. 5 m = 5 × 100 cm
          = 500 cm

Perimeter

Perimeter is the total distance around the outside of a shape.

e.g. **Measure the perimeter of this shape:**

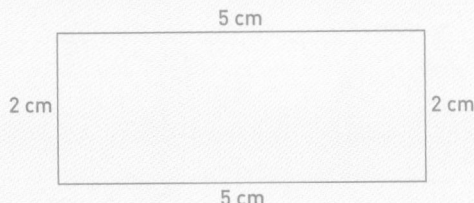

(answer is 14 cm)

🗣 'Use a ruler to measure each side. Write the length on each side, then add all the lengths together so 5 cm + 2 cm + 5 cm + 2 cm = 14 cm'

e.g. **Perimeter of a 2 cm square**
(answer is 8 cm)

🗣 'Draw a diagram, write the length on each side and then add all the lengths together so
2 cm + 2 cm + 2 cm + 2 cm = 8 cm'

Area

Area is the amount of surface covered or enclosed by any two-dimensional shape. Area is divided into units and the units are then counted.

Units of area
square centimetre (cm²)
square metre (m²)

Comparing areas
e.g. **Pattern the larger surface with red circles** (answer is the 2nd shape)

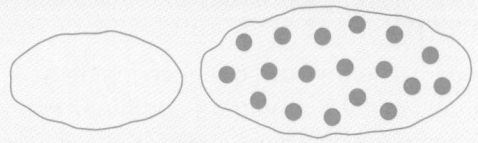

🗣 'Which is the larger shape? Draw red circles on it.'

Square centimetre

The square centimetre is a measure of area. It is a square centimetre because each side of the square has a length of one centimetre. The short form is cm².
Note that an area can measure a square centimetre but may not be in the shape of a square.

e.g. **Record the area of this shape:**

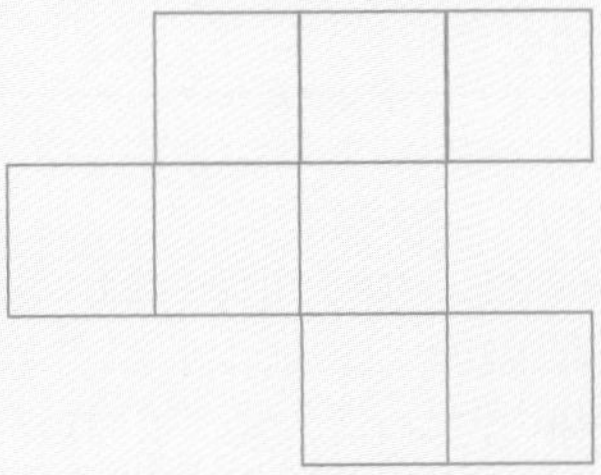

(answer is 8 cm²)

🗣 'We count the number of square centimetres and record with the unit of measure, 8 square centimetres.'

e.g. **Area of a square with 2 cm sides**
(answer is 4 cm²)

🗣 'Rule a square with 2 cm sides. Now measure 1 centimetre marks for the length and width and join the lines. Count the number of little squares you have made. There are 4 little squares so 4 square centimetres.'

Square metre

The square metre is a measure of area. It is a square metre because each side of the square has a length of one metre. The short form is m².

e.g. **Make a square metre using newspaper, tape and a metre stick.
Use it to measure the area of surfaces.
Cut and rejoin your square.
Does it still cover one square metre?**
(answer is yes)

🗣 'Why? Area is the amount of surface covered and although the square is now a different shape it still covers one square metre.'

continued...

Capacity

Capacity is the amount of space inside a container. It is the amount a container can hold. Capacity is only used in relation to containers. Liquids are usually measured in litres and millilitres.

It is important that students have experience with containers of different shapes and sizes, including those that still have the same capacity.

Units of capacity
millilitre (mL)
litre (L)

Know these tables:

1 000 mL = 1 L

Converting different capacities

To change millilitres (mL) into litres (L), we divide by 1000.

e.g. 1000 mL = 1000 ÷ 1000 L
              = 1 L

To change litres (L) into millilitres (mL), we multiply by 1000.

e.g. 2 L = 2 × 1000 mL
          = 2000 mL

Filling and emptying containers

e.g. **How many times can a 1 L jug be filled from the bucket?**

(answer is 9 times)

'The bucket holds 9 L, so how many times will you empty the 1 L jug into the bucket? 9 times.'

e.g. **How many full oil bottles can be tipped into the bucket?**
(answer is 2 full bottles)

'The bucket holds 9 L and the oil bottle holds 4 L.
Two full bottles will make 8 L in the bucket.
There is 1 litre left.
Another full bottle would make 12 litres, which is too much for the 9 L bucket to hold so 2 full bottles.'

Volume

Volume is the amount of space occupied by an object or substance.

It is important that students have experience with stacking and packing so that they come to understand the advantages of using a cube as a unit when measuring volume.

Units of volume
cubic centimetre (cm^3)

A Base 10 short has a volume of 1 cm^3. Each side is 1 cm long and each face is 1 cm^2 in area.

e.g. **Find the volume of this model**

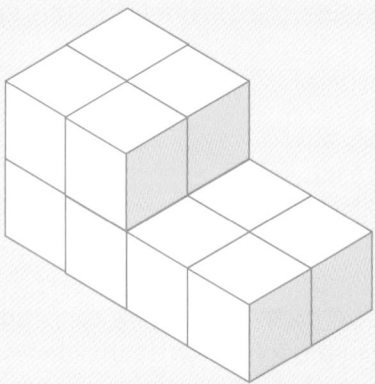

(answer is 12 cm^3)

'To find volume we count the cubes to get 12 cubic centimetres. Remember to count the cubes that are hidden.'

Mass

Mass measures the amount of matter in an object but the word 'weight' is often used in place of mass.

Students need practise in being able to identify objects that are 'more than', 'less than' and 'about the same' as a kilogram. Students also need real life opportunities to estimate, measure, compare and record masses using grams and kilograms.

Units of mass
gram (g)   kilogram (kg)

Know these tables:

1 000 g = 1 kg

e.g. **Colour the items measured in kilograms**

(answer is sugar and potatoes) continued...

'Remember how heavy a kilogram feels. Now decide which items would be more than that, so the sugar and potatoes.'

Time

Time measures the passing of the hours, days, weeks, months, seasons and years.
Students should know what is meant by telling the time from a clock face and the passing of time.

Units of time
second (s)
minute (min)
hour (h)

Know these tables:

60 seconds	= 1 minute
60 minutes	= 1 hour
24 hours	= 1 day
7 days	= 1 week
52 weeks	= 1 year
12 months	= 1 year
365 days	= 1 year
366 days	= 1 leap year

Days in each month
This useful little rhyme will help you to remember how many days in each month of the year.

> 30 days has September,
> April, June and November,
> All the rest have 31, except February alone,
> Which has 28 days clear,
> And 29 in each leap year.

We use several different types of clocks to tell the time. Here are the most common ones.

Analog time
Analog clocks have hands to tell the minutes and hours. If the minute hand (long one) is moving from 12 towards 6, we read the time as past the last hour. If the minute hand (short one) is moving from 6 towards 12, we read the time as to the next hour.

e.g. 10 past 6

20 to 3

Digital time
Digital time uses numerals to tell hours and minutes. It shows hours from 1 to 12 and uses am to show morning (from midnight to midday) and pm to show afternoon (from midday to midnight).

e.g. 5:08 am

Converting analog time to digital time
To change analog time to digital time we write the hour that has passed, then count the minutes after that hour. We add 'am' for before noon or 'pm' for after noon.

e.g. **20 to 9 in the morning in digital time**
(answer is 8:40 am)
'The hour is still 8 and 40 minutes have passed after 8 giving 8:40 am.'

Converting digital time to analog time
To change digital time to analog time, we count the minutes past the last hour.
If it is less than 30 minutes past the last hour, we write that number of minutes past the hour.
If it is more than 30 minutes past the last hour, we write 60 minus that number of minutes to the next hour.

e.g. **7:15 in analog time**
(answer is 15 past 7)
'The minutes past 7 are less than 30 so we write that number of minutes past the hour giving 15 past 7'

e.g. **6:40 in analog time**
(answer is 20 to 7)
'The minutes past 6 are more than 30, so we write 60 minus that number of minutes to the next hour. It is 20 to 7.

Working out minutes between times
To find the number of minutes between two times, we use the counting on strategy.

e.g. **Minutes from 6:45 to 7:05**
(answer is 20 minutes.)
'Count on from 6:45 to 7:00 to get 15 minutes.
Count on from 7:00 to 7:05 to get 5 minutes.
Now add 15 and 5 together to get 20 minutes.'

continued...

Timetables

A timetable shows the expected times of events. A bus timetable shows the times that buses are expected to arrive or leave different bus stops.

e.g. How long does the bus take to travel from Stanhope to Eastbourne?

Bus Stop	Arrive	Depart
Stanhope	0927	0931
Eastbourne	0945	0948
Amisfield	1004	1007

(answer is 14 minutes)

'The bus arrives at Stanhope at 27 minutes past 9. It stops for passengers and then leaves at 31 minutes past 9.
It arrives at Eastbourne at 45 minutes past 9. Count forward from 31 to 45 to find how long it takes. It takes 14 minutes to reach Eastbourne'

📖 Excel Basic Skills Measurement Years 3–6

Question 15
Two-dimensional (2D) shapes

Plane shapes
A plane shape is a two-dimensional shape that is drawn in one plane. A plane is a flat surface. Examples are circles, triangles, squares, rectangles, hexagons etc.

Angles
An angle is formed when 2 straight lines meet. Students learn to identify and name the arms and vertex of an angle. To begin with the word, corner, is used in place of vertex.
It is important that students can identify and name perpendicular lines so that they can explain why an angle is, or is not, a right angle.

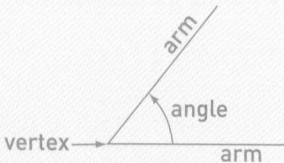

Parallel lines
Parallel lines are two or more lines that remain the same distance apart and never meet.
e.g.

Perpendicular lines
Perpendicular lines intersect at right angles.
e.g.

Parts of shapes

Apex
An apex is the highest point from the base where two lines meet forming a corner.

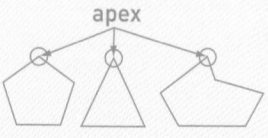

Base
The base is the bottom line of a 2-dimensional shape.

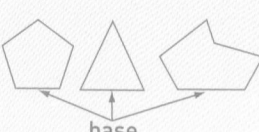

Corner or vertex
A corner or vertex is the point where 2 lines meet at an angle; where 2 sides meet on a 2-dimensional shape. At first students use the word corner but move on to use the correct mathematical term 'vertex' or plural form 'vertices'.

Regular shapes
Regular shapes are polygons that have all angles equal in size and all sides equal in length.
e.g.

Circle
A circle is a perfectly round, two-dimensional shape.

Polygons
A polygon is a plane shape having three or more sides.

e.g. Triangle (3 sides), square (4 sides), rectangle (4 sides), pentagon (5 sides), hexagon (6 sides), heptagon (7 sides), octagon (8 sides), nonagon (9 sides), decagon (10 sides).

rectangle   triangle   pentagon

Hint: Polygons such as pentagons, hexagons, octagons, etc. may be regular or irregular.

continued...

Triangle

A triangle is a polygon with 3 sides and 3 angles. A regular triangle has 3 equal angles, 3 sides of equal length and 3 lines of symmetry. A triangle is named according to its angles or the length of its sides.
e.g.

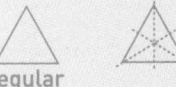
regular

irregular

Quadrilateral

A quadrilateral is a plane shape with 4 straight sides.
The parallelogram, trapezoid and rhombus are all special kinds of parallelograms.
e.g.

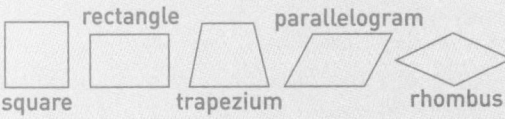
square   rectangle   trapezium   parallelogram   rhombus

Rectangle

A rectangle is a quadrilateral that has 2 pairs of equal and parallel sides, 4 right angles and 2 lines of symmetry.

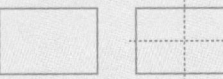

Square

A square is a quadrilateral that has 4 equal sides, 4 right angles and 4 lines of symmetry.

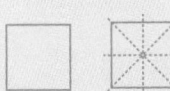

Parallelogram

A parallelogram is a quadrilateral, which has two pairs of opposite sides parallel and equal, and opposite angles equal.
A rectangle is a right-angled parallelogram.
e.g.

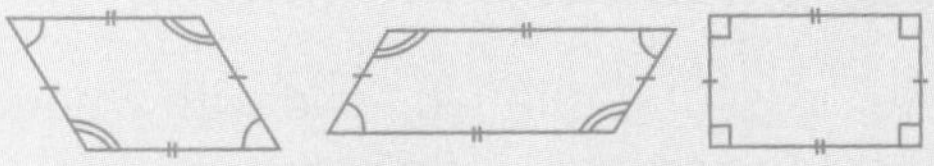

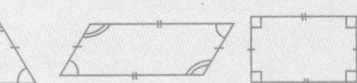

Trapezium

A trapezium is a quadrilateral that has one pair of opposite sides parallel.
e.g.

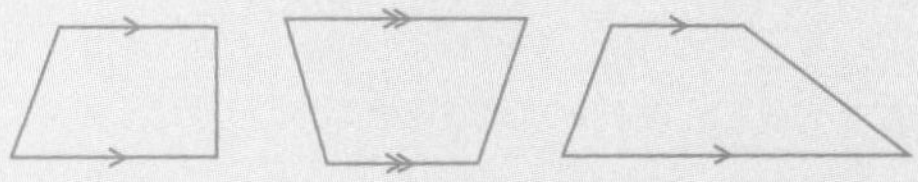

Hexagon

A hexagon is a polygon with 6 sides.
A regular polygon has 6 equal angles and 6 sides of equal length and 6 lines of symmetry.
e.g.

regular

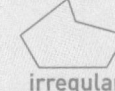
irregular

Symmetry of plane shapes

Line of symmetry

A line of symmetry is a line that divides something in half so that each half is a perfect mirror image of the other half.
A shape can have more than one line of symmetry. Some shapes have no line of symmetry.
The lines of symmetry on a regular shape are equal to the number of angles of that shape.
The term axis of symmetry is sometimes used. The plural is axes of symmetry.
e.g.

Mirror image

A mirror image occurs when the pattern is reversed as if it was being viewed in the mirror; it is the reflection.
To flip a shape means to move the shape to be the mirror image of the original shape.
e.g.

Movement of plane shapes

Flip

To flip is to turn over to have a mirror image of the original shape.
e.g.

Slide

To slide is to move a shape in any direction without changing the original orientation of the shape.
e.g.

Turn

To turn is to rotate a shape about a given point.
e.g.

continued...

Tessellation
A tessellation is made by identical shapes fitting together without gaps or overlaps.
e.g.
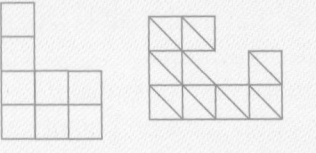

Three-dimensional (3D) shapes

Solids
A solid is a term used to describe any three-dimensional object. The object may be hollow but is still called a solid in geometry. Understanding is increased when students are given opportunities to recognise and construct these shapes in their own environment.
It is also important that they recognise and draw the shapes from the top, bottom and side views.

Parts of solids

Apex
Is the highest point from the base where two or more lines meet to form a corner of a solid.
e.g.
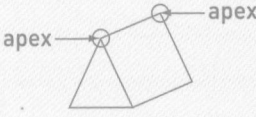

Base
The base is the bottom face of a solid.
Prisms have two bases that are the same size and shape. The bases may be triangles, rectangles, squares, pentagons or other polygons.
Pyramids have one base and all the other faces are triangles.
e.g.
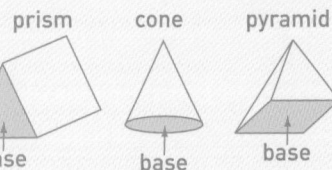

Corner or vertex
A corner or vertex is the point where 3 or more faces meet on a 3-dimensional solid. At first students use the word corner but then learn to use the correct mathematical term 'vertex'.

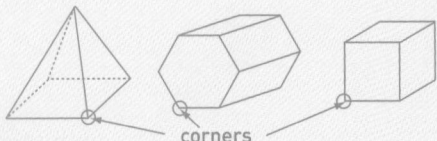

Edge
An edge is the intersection of two surfaces.
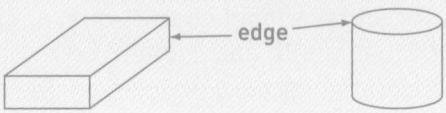

Face
A face is the flat surface of a solid shape.
A cube has 6 faces.
A 'surface' may be flat or curved.
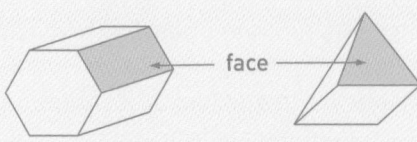

Surface
The surface is the outside part of a solid shape.
A surface can be flat or curved but a face is always flat.
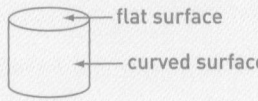

Cross-section
A cross-section is the face shown when a solid shape is cut through.

Cone
A cone is a solid shape that has a flat round base and one curved surface.
e.g.

Cylinder
A cylinder is a tube-shaped solid with 2 equal circular faces and one curved surface.
e.g.

Sphere
A sphere is a 3-dimensional shape that is rounded from whatever direction it is viewed.
A sphere has one curved surface, and no edges and no corners.
e.g.

continued...

Prism

A prism is a solid shape that has at least two faces that are parallel and have the same shape and size. These are called bases. These bases may be triangles, rectangles, squares or other polygons. All other faces are rectangles.
The base of a prism is the shape of the uniform cross-section.
A prism is named according to its base.
e.g.

Cube

A cube is a three-dimensional solid with 6 equal square faces, 8 vertices (corners) and 12 equal edges. It is a special prism.
e.g.

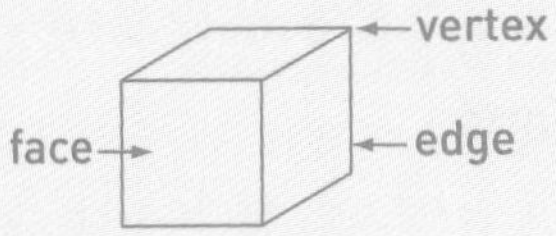

Pyramid

A pyramid is a solid shape that has a polygon for a base and triangles for all the other faces. The triangular faces meet at a common vertex. A pyramid is named according to its base.
e.g.

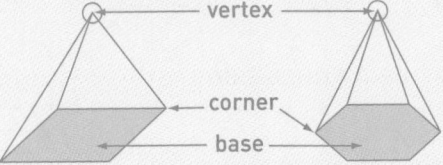

View

A view is the shape of a 3D object seen from the top, front or side.
e.g. Cone: top view   side view   front view

Net

A net is a flat pattern that can be folded to make a 3-dimensional model.
e.g.

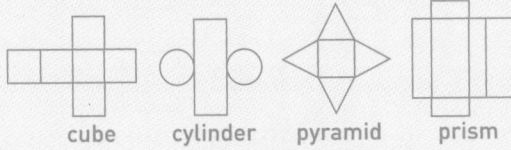

cube   cylinder   pyramid   prism

Position

Position is the location of an object in relation to another.

Compass

A compass is an instrument used to show direction. A compass needle always points north.

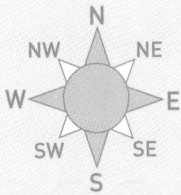

Compass points are used to show direction. The main compass points are north (N), south (S), east (E) and west (W).
Other main points include north east (NE), south east (SE), north west (NW) and south west (SW).

The four main compass points are at right angles to one another so there is 90 degrees between N and E etc.

Coordinates

Coordinates are pairs of letters or numbers used to show position on a grid or a map.
e.g.

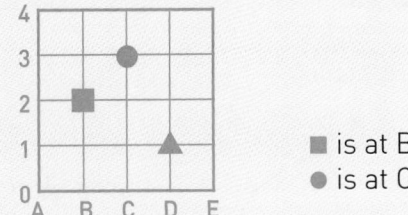

■ is at B2
● is at C3

The bottom coordinate is always read before the side coordinate.
The bottom coordinate is always read from the left-hand side to the right hand-side while the side coordinates are read from the bottom to the top.
A map in a street directory uses coordinates to help you find various places. You run your finger along the two coordinates until they meet at a single point.

📖 Excel Basic Skills Space: Basic Geometry Years 3–6

Unit 1

A

1.  9
2. 7 + 3 10
3.  3
4. 10 – 5 5
5. Skip count by twos:
   2, 4 , 6 , 8
6. 3 rows of 10 30
7. Is this a fair share? no 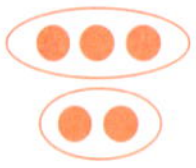
8. Show a fair share for 2: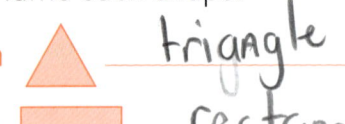
9. Numeral for forty-two f42
10. 5, 10, 15, 20 , 25 , 30
11. 14, 24, 34, 44 , 54
12. Colour half the triangle: 
13.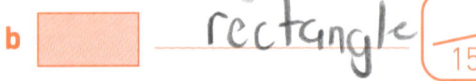
    = 110 cents
14. How many days in one week? 7
15. Name each shape:
    a triangle
    b  rectangle   /15

B

1. 16 + 3 19
2. 13 and 7 more _____
3. 20 – 15 _____
4. 18 take away 9 _____
5. 3 × 5 _____
6. 4 × 2 = 2 + 2 + 2 + 2
   True/false _____
7. How many rows of 2 make 10? 
8. Colour to show four equal groups:
9. Write 37 in words _____
10. 22, 24, _____, 28, 30
11. 35, 30, 25, _____, _____,
12. What part of this shape is coloured? _____ 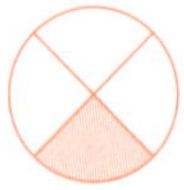
13. I had 50c but spent 30c. How much left? _____
14. Colour the coin with the smallest surface:
    A  B  C
15. A square has 4 equal sides. True/false _____   /15

These all mean the same thing: +, add, total, more than, plus, find the sum

---

38 + 23 = 61
Start on 38.
Make 2 long jumps of 10, then 3 short jumps of 1, to add 23.

Jump along the number line to find the answer.

a ←—•——————→
   45
   45 + 24 = ☐

b ←—•——————→
   37
   37 + 25 = ☐

c ←—•——————→
   56
   56 + 18 = ☐

d ←—•——————→
   42
   42 + 29 = ☐

e ←—•——————→
   38
   38 + 24 = ☐

f ←—•——————→
   47
   47 + 33 = ☐

38 48 58 59 60 61

Excel Mental Maths Strategies Year 3 – Unit 1

C

1. 17 + 7 _____
2. 9 more than 19 _____
3. 25 − 10 _____
4. 12 less than 18 _____
5. 8 × 5 _____
6. 6 × 2 = 3 × 4 True/false _____
7. How many rows of 2 make 14? _____
8. Colour to show 2 equal groups:
9. 5 tens + 6 ones _____
10. 4 + 5 = ☐ + 4
11. 18, 16, _____, 12, 10
12. Colour one quarter of the shape:
13. I had 80c but spent 50c. How much left? _____
14. Which season comes after summer? _____
15.

    Count the objects like these:
    a    /15 

D

12 rows of 2 is the same as 12 × 2

1. 33 + 25 _____
2. 42 plus 37 _____
3. 50 subtract 24 _____
4. 48 − 24 _____
5. 12 groups of 2 _____
6. 10 × 5 _____
7. How many lines of 5 make 20? _____
8. Circle to show 3 equal groups:
9. 2 hundreds + 7 tens + 4 ones _____
10. 5 + 2 = 4 + 3 True/false _____
11. 28, 24, 20, _____, 12
12. What part of this shape is coloured? _____
13. Share 50c between 2 boys _____
14. How many days in June? _____
15. Draw the mirror image of each shape:
    a    b
    c

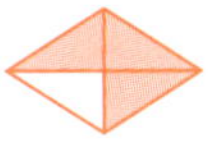

    /15

It takes 5 minutes for the minute hand to move from one number to the next.

1. Write the time shown on each clockface.

   a  b  c  d  e

7 o'clock

15 past 7
quarter past 7

30 past 7
half past 7

45 past 7
quarter to 8

2. Write the time shown on each clockface.

   a  b  c  d  e

   quarter past 4   half past 3   8 o'clock   quarter to 6   quarter past 9

Unit 2

A

1
2 4 + 6 _____
3
4 10 − 8 _____
5 Skip count by fives: 5, ___, ___,
6 6 groups of 10 _____
7 Circle groups of 2:

8 Show a fair share for 4:

9 | 2 tens | 4 ones | _____
10 Even number after 6 _____
11 22, 21, ___, 19
12 Colour two quarters: 
13 50c + 20c _____
14 Tick the longer:
  A
  B
15 Name each shape:
  a   b   c
                                    /15

B

1 15 + 4 _____
2 12 plus 7 _____
3 30 − 9 _____
4 22 subtract 11 _____
5 5 × 2 _____
6 6 rows of 5 _____
7 How many rows of 2 make 18? _____
8 Circle to show 4 equal groups:

9 3 hundreds + 2 tens + 8 ones _____
10 Even number before 10 _____
11 What number follows 79? _____
12 What part is shaded?
13 20c + 10c + 20c _____
14 Date of Australia Day _____
15 Link each object with a solid: 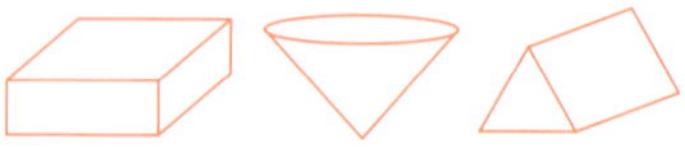 
  a   b   c   d

  A   B   C   D
                                    /15

These all mean the same thing: −, subtract, less, less than, difference, take away.

Look for pairs of numbers that add to ten. That makes it easy.
e.g. 8 + 9 + 2 = 8 + 2 + 9
     = 10 + 9
     = 19

a 7 + 6 + 3 = _____   b 4 + 8 + 6 = _____
c 1 + 7 + 9 = _____   d 5 + 9 + 5 = _____
e 9 + 8 + 1 = _____   f 3 + 5 + 7 = _____
g 5 + 9 + 5 + 1 = _____   h 7 + 4 + 3 + 6 = _____
i 8 + 7 + 2 + 3 = _____   j 16 + 8 + 4 = _____
k 13 + 5 + 7 = _____   l 5 + 9 + 15 = _____

Excel Mental Maths Strategies Year 3 – Unit 2

Answers on page A1

C

1. 19 + 6 _____
2. 24 + 8 _____
3. 34 − 12 _____
4. The difference between 18 and 8 _____
5. 7 piles of 2 books _____
6. 9 × 5 _____
7. 30c into 2 equal piles _____
8. How many rows of 5 make 25? _____
9. | 2 | hundreds | 6 | tens | 3 | ones |
10. 3, 6, 9, ___, ___,
11. 65, 60, 55, ___, ___,
12. What part of the fan is white? _____ 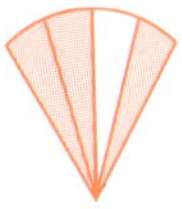
13. 50c, $1.00, $1.50, _____
14. Tick the heavier in each pair:
   a
   b
15. Tick the prisms: 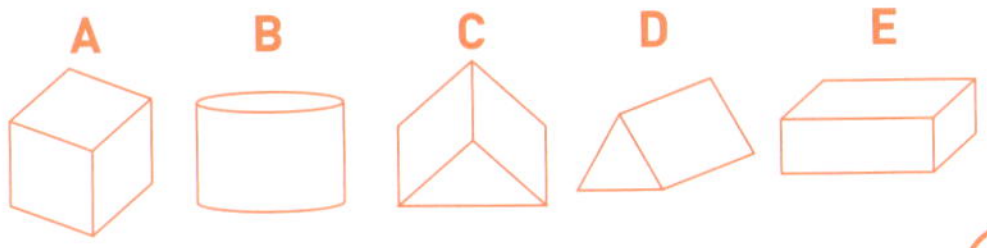
   A 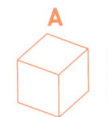 B C D E

D

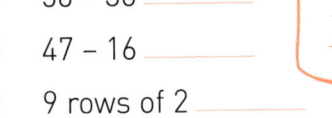

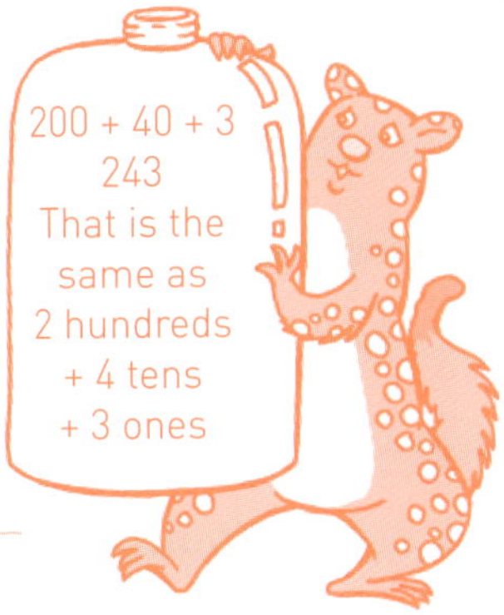

1. 37 add 22 _____
2. 54 + 25 _____
3. 50 − 36 _____
4. 47 − 16 _____
5. 9 rows of 2 _____
6. 20 × 5 _____
7. 50c into 10 equal piles _____
8. How many rows of 10 make 50? _____
9. 1 hundred + 6 tens + 4 ones _____
10. 11, 22, 33, ___, ___,
11. 250, 200, 150, ___,
12. What fraction is shaded?
13. $1.10 − 50c _____
14. Name the days of the weekend _____
15. Draw the front view of these solids:
   a   b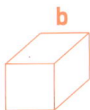
   Front view   Front view

12 shared between 3 is 4 each.

12 shared between 4 is 3 each.

Use the array to find one share, if:
a 10 are shared by 2 _____

b 16 are shared by 4 _____

c 9 are shared by 3 _____
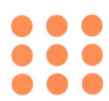

d 15 shared by 5 _____
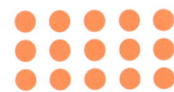

Excel Mental Maths Strategies Year 3 – Unit 2

Unit 3

A

1.  _____ 
2. 7 + 5 _____
3.  _____ 
4. 15 take away 5 _____
5. Skip count by fours: 4, ____, ____, ____
6. 7 rows of 5 _____
7. 10 − 2 − 2 − 2 − 2 − 2 _____
8. Circle groups of 4:

9. Numeral for eighty-one _____
10. 6 + 4 = 10 so 10 − 6 = ☐
11. 50, 40, ____, 20, 10
12. Colour one eighth: 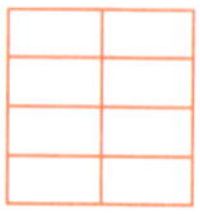
13. 15c + 10c _____
14. Use words to write the time: 
     _____
15. Draw the next shape in the pattern:
    ● ■ ⬟ ● ■ [   ]
    ___/15

B

cm is short for centimetres.

1. 12 + 9 _____
2. 16 more than 14 _____
3. 35 − 14 _____
4. 40 less 16 _____
5. 4 groups of 10 _____
6. 8 groups of 5 _____
7. 15 − 5 − 5 − 5 _____
8. 20 − 4 − 4 − 4 − 4 − 4 _____
9. Numeral for one hundred and sixty _____
10. 8 + 4 = 12 so 12 − 4 = ☐
11. Odd number before 20 _____
12. What fraction is white? 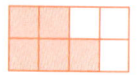 _____
13. 25c + 15c + 5c _____
14. Measure in centimetres: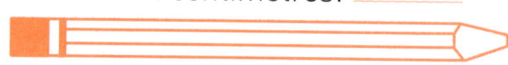
15. Rule and record how many lines of symmetry for each shape:
    a  b
    ___/15

---

1. Colour the part of each shape to match the given fraction:

   a    b    c    d    e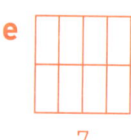

   $\frac{1}{4}$ $\frac{3}{8}$ $\frac{1}{2}$ $\frac{3}{4}$ $\frac{7}{8}$

$\frac{1}{8}$ means 1 out of 8 equal parts

2. Colour part of each group to match the given fraction:

   a 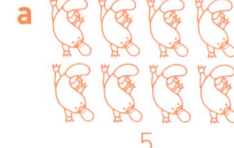   b    c    d

   $\frac{5}{8}$ $\frac{3}{4}$ $\frac{3}{8}$ $\frac{1}{2}$

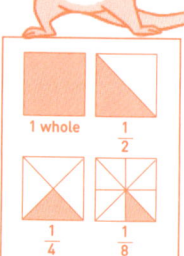

Excel Mental Maths Strategies Year 3 – Unit 3

C

1. 13 + 8 _____
2. 17 and 14 more _____
3. 38 − 16 _____
4. 19 subtract 12 _____
5. Fingers on 6 girls _____
6. 5 groups of 5 _____
7. Share 12 lollies among 3 boys _____
8. Colour 3 groups of 3:

9. How many digits in 19? _____
10. Tally marks for 19 _____
11. 12, 18, 24, _____, 36
12. What fraction is shaded? _____

13. 4 piles of 5c coins. How much? _____
14. Days in one fortnight _____
15. Which of these shapes:

A   B   C

a   is a hexagon? _____
b   are regular? _____

D

1. 36 + 23 _____
2. 62 plus 27 _____
3. 50 less 25 _____
4. 48 − 27 _____
5. 9 rows of 5 _____
6. 4 rows of 4 cars _____
7. How many groups of 2? _____

8. Share 35 pencils into 5 lines _____
9. 1 427 = 1000 + ☐ + 20 + 7
10. 6 + 9 = 10 + ☐
11. 15, 18, _____, 24, 27
12. Colour 5 eighths:

13. 2 groups of 50c. How much? _____
14. Which items, used one at a time, would make the scales look like this? _____

A   B   C   D

15. A cube has 6 faces. True/false _____

The kilogram is the standard measure of mass.

Use each array to find out how many:

a   groups of 2 _____

b   groups of 4 _____

c   groups of 6 _____

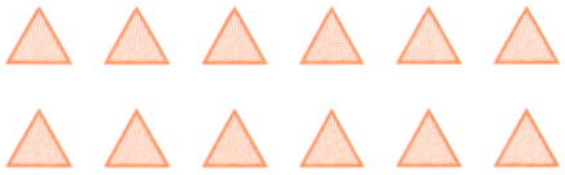

d   groups of 5 _____

e   groups of 7 _____

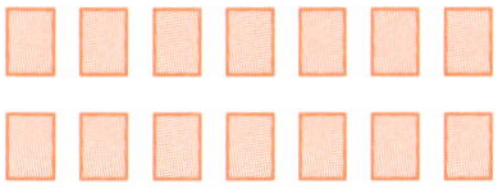

f   groups of 3 _____
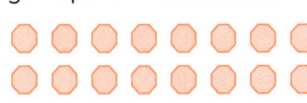

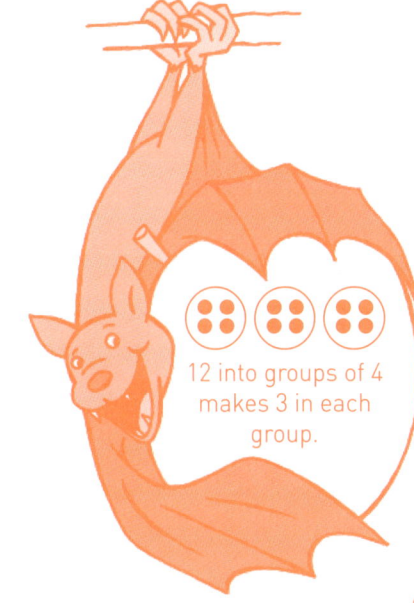

12 into groups of 4 makes 3 in each group.

Excel Mental Maths Strategies Year 3 – Unit 3

Unit 4

A

1.
2. 8 + 7 _____
3.
4. 17 subtract 7 _____
5. Skip count by twos: 28, ___, ___,
6. 5 rows of 10 _____
7. 10 shared into 2 _____
8. Circle groups of 3:

9.  _____
10. 8 + 7 = 15 so 15 − 8 = ☐
11. Odd number after 29 _____
12. What part of this shape is coloured? _____ 
13. 5 lots of 10c _____
14. Tick the one that holds the most:
    A   B   C
15. Which shape has 4 equal sides? _____

/15

B

1. 8 + 14 _____
2. 36 plus 25 _____
3. 40 − 18 _____
4. 25 minus 17 _____
5. 4 rows of 2 girls _____
6. 2 groups of 4 boys _____
7. 16 shared into 4 _____
8. 10 eyes. How many faces? _____
9. Numeral for two hundred and six _____
10. 13 + 7 = 20 so 20 − 7 = ☐
11. What number follows 79? _____
12. Which one is bigger, one half or one whole? _____
13. 3 lots of 20c _____
14. Use words to write the time:
    a  _____
    b  _____ 
15. Tick the pyramids:
    A   B   C   D   E
    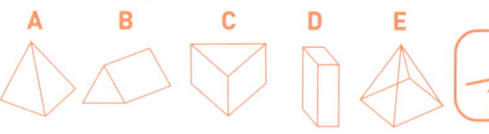

/15

I'll have the whole glass please.

Split the tens and ones. Add the tens, add the ones, then find their total.

a 25 + 34 =   20 + 30 + 5 + 4 = _____
b 36 + 23 = _____ = _____
c 28 + 19 = _____ = _____
d 32 + 28 = _____ = _____
e 46 + 27 = _____ = _____
f 38 + 43 = _____ = _____
g 29 + 47 = _____ = _____
h 37 + 58 = _____ = _____

Split the tens and ones first. Think! 42 + 39 is 40 + 30 = 70 and 2 + 9 = 11 so 70 + 11 = 81

Answers on page A2

C

1. 17 + 33 _____
2. 19 plus 41 _____
3. 44 − 32 _____
4. Difference between 56 and 26 _____
5. Legs on 3 dingoes _____
6. 8 rows of 4 _____
7. Share 12 wombats in 2 holes _____
8. Colour groups of 2:

9. Write the number for 15 tens _____
10. 3 × 5 = 10 + ☐
11. 16, 20, 24, 28, _____
12. 2 halves = 1 whole. True/false _____
13. Sam had 25c and saved 50c. Total now? _____
14. How many blocks in each:

    a 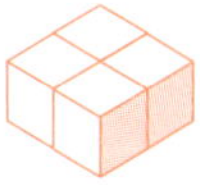   b 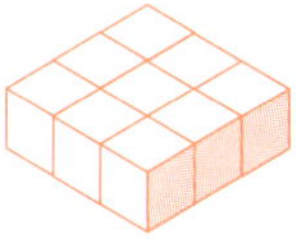   c

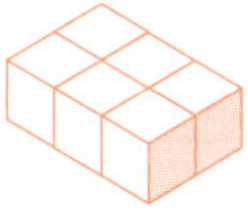

15. A cube has _____ faces.

/15

D

1. 38 + 32 _____
2. 64 and 36 more _____
3. 32 less than 55 _____
4. 69 − 39 _____
5. 7 groups of 10 _____
6. 9 branches with 2 budgies on each _____
7. 16 legs, how many emus? _____
8. Share 16 platypuses into 2 dams _____
9. Write the number for 10 tens _____
10. 6 × 3 = 10 + ☐
11. 32, 36, 40, _____, 48
12. 2 quarters = _____ half
13. Cost of 4 pens at 50c each _____
14. Month before January _____
15. Colour the picture where the shaded shape tesselates:

    A 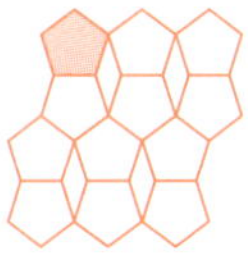   B

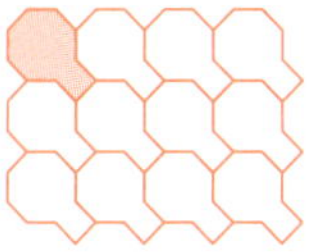

    C

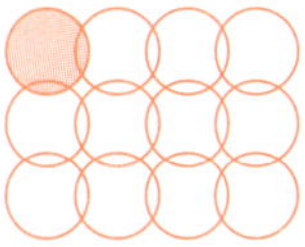

/15

A tessellation is made by identical shapes fitting together without gaps or overlaps.

There are 6 budgies on each branch.
How many budgies altogether?

```
   6 budgies
 × 2 branches
  12 budgies altogether
```

Model these algorithms and record your answer:

a 6 emus in a row   6
   2 rows   × 2
   How many emus? _____

b 10 owls in a row   10
   5 rows   × 5
   How many owls? _____

c   6   d   8   e   4   f   6   g   5
   × 1   × 2   × 4   × 5   × 4
   ___   ___   ___   ___   ___

h 5 × 10 = ☐   i 10 × 4 = ☐   j 5 × 5 = ☐

This reads as 2 groups of 6.

Excel Mental Maths Strategies Year 3 – Unit 4

27

Unit 5

A

1. 5 + 7 _____
2. 9 plus 4 _____
3. 13 − 8 _____
4. 16 minus 7 _____
5. Draw 2 rows of 8:
6. 9 × 5 _____
7. Share 15 amongst 5 _____
8. Circle groups of 4:

9. Write 147 in words _____
10. 9 + 6 = 15 so 15 − 6 = ☐
11. Even number before 80 _____
12. Colour quarter of ○○○○○○○○
13. Cost of 4 five-cent jellies _____
14. Count the shapes:

   a  _____ triangles
   b 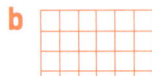 _____ squares

15. How many sides on a rectangle? _____

B

1. 9 + 13 _____
2. 38 and 22 more _____
3. 45 − 19 _____
4. 56 take away 29 _____
5. 6 piles of 4 logs _____
6. 8 rows of 4 books _____
7. Share 6 eels into 2 nets _____
8. How many groups of 2 in 12? _____
9. | 2 | hundreds | 7 | tens | 4 | ones |
10. 25 + 6 = 31 so 31 − 6 = ☐
11. What number is before 240? _____
12. Which is smaller, one half or one quarter? _____
13. Change from $1 when I spent 75c _____
14. Season after winter _____
15. Does each show a flip, slide or turn?

   a  _____
   b  _____
   c  _____

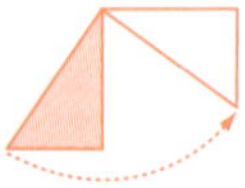

To subtract 19, take away 20 then add 1.

8 + 5 = ☐
I have 8 and need 2 to bridge to 10.
So 8 + 2 + 3 = 13

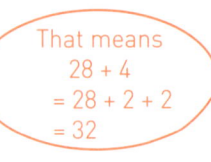

That means
28 + 4
= 28 + 2 + 2
= 32

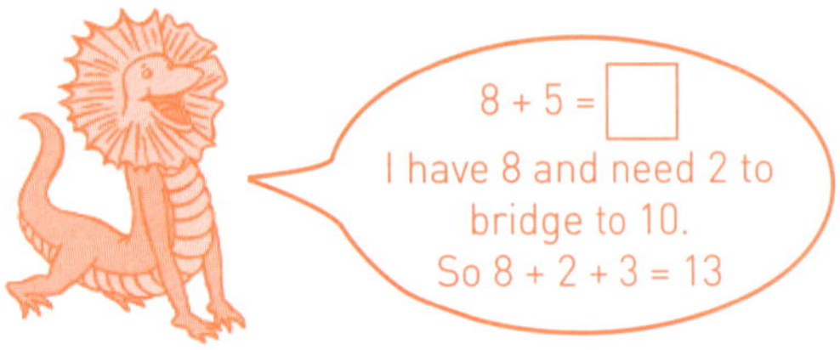

Add by bridging to tens:

a 9 + 7 = 9 + _____ + _____ = _____
b 8 + 6 = 8 + _____ + _____ = _____
c 6 + 9 = 6 + _____ + _____ = _____
d 15 + 7 = 15 + _____ + _____ = _____
e 14 + 8 = 14 + _____ + _____ = _____
f 16 + 9 = 16 + _____ + _____ = _____
g 27 + 8 = 27 + _____ + _____ = _____
h 35 + 7 = 35 + _____ + _____ = _____
i 33 + 9 = 33 + _____ + _____ = _____
j 38 + 8 = 38 + _____ + _____ = _____

C

1. 18 add 42 _____
2. 22 + 58 _____
3. 35 – 19 _____
4. 46 subtract 31 _____
5. 7 × 4 _____
6. 8 × 10 _____
7. 14 birds in 2 nests. How many in 1 nest? _____
8. Share 16 among 4 _____
9. Write 456 in words _____
10. 8 + 4 = 3 × ☐
11. 48, 44, ____ , 36, 32
12. 1 half = 2 quarters. True/false _____
13. Cost of 10 five-cent pencils _____
14. Rocks were used to measure the mass of each object:

A 10 rocks   B 15 rocks   C 2 rocks

   a Circle the object with the greater mass
   b Tick the object with the least mass
15. How many angles in a square? _____

D

6 + 6 = 3 × 4
Both sides of the = sign equal 12

1. 26 + 54 _____
2. 34 + 46 _____
3. 64 – 19 _____
4. 70 – 50 _____
5. 5 × 5 _____
6. 6 × 10 _____
7. How many groups of 7 in 14? _____
8. Share 18 between 2 _____
9. Tens in 461 _____
10. 8 + 8 = ☐ × 4
11. 24, 32, ____ , 48, 56
12. Colour 3 eighths:

13. Change from $2 if I spent 75c _____
14. Which covers the larger area:
    a Your ruler or this book? _____
    b The classroom floor or door? _____
15. Flip the triangle to finish the pattern:

Jump back along the number line to find the answer:

a 36 – 24 = _____

36

b 42 – 26 = _____

42

c 58 – 33 = _____

58

d 76 – 42 = _____

76

e 30 – 16   Think 30 – 10 – 6 = _____
f 40 – 24   Think 40 – 20 – 4 = _____
g 45 – 23   Think 45 – 20 – 3 = _____
h 56 – 42   Think 56 – 40 – 2 = _____

40 – 23
Start on 40. To subtract 23 jump back 2 long jumps of 10, then back 3 short jumps of 1.

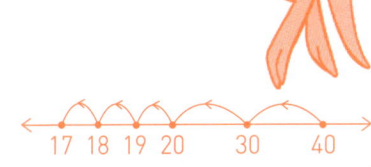
17 18 19 20   30   40

Unit 6

A

1. 8 + 4 _____
2. 9 add 6 _____
3. 13 − 9 _____
4. 16 minus 8 _____
5. 9 rows of 10 _____
6. Skip count by 4s: 16, 20, 24, 28, _____
7. 12 shared by 3 _____
8. Colour groups of 2:

9. 30 + 6 _____
10. 3 × 4 = 4 + 4 + ☐
11. Even number before 30 _____
12. Colour half of:

13. Cost of 6 ten-cent cakes _____
14. Month after December _____
15. On this cube, colour:
    a the top red
    b the front blue

B

1. 9 + 8 _____
2. 16 + 9 _____
3. 40 − 19 _____
4. 57 subtract 25 _____
5. 7 heaps of 4 books _____
6. 4 boxes of 9 pencils _____
7. How many groups of 2 in 14? _____
8. Share 18 between 2 _____
9. 400 + 80 + 7 _____
10. 5 + 5 + 5 + 5 = ☐ × 5
11. What number follows 149? _____
12. Colour 3 fifths:

13. Change from $1 if I spent 85c _____
14. Cubes were used to measure the volume of each box. Colour the container with the greatest volume:

    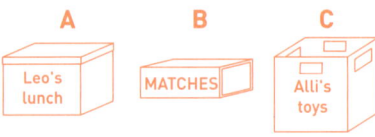

    A Leo's lunch 720 cubes
    B MATCHES 80 cubes
    C Alli's toys 4000 cubes

15. Which shape has 4 equal sides? _____

---

1. Joey has lost his mum. How far did he hop from:
   a A to B to C? _____
   b D to E to A? _____
   c A to D to C? _____
   d B to C to D? _____

2. Draw:
   a a blue line on the longest distance
   b an island in The Cove
   c his mum in the middle of triangle ADE

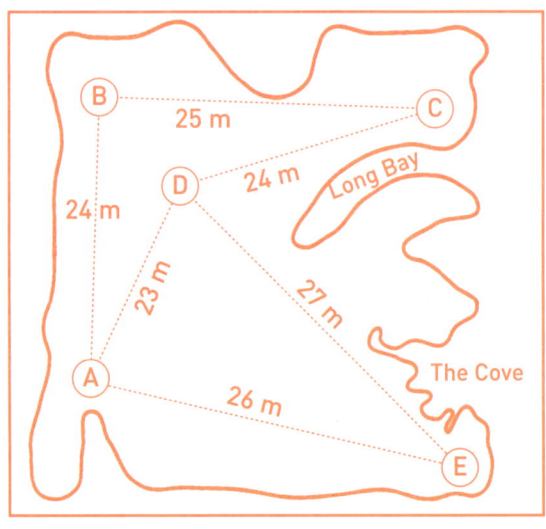

C

1. 17 add 43 _____
2. 23 + 47 _____
3. 43 − 26 _____
4. Deduct 16 from 58 _____
5. 8 rows of 5 _____
6. 4 tanks of 5 fish _____
7. 20 legs, how many chairs? _____
8. Share 22 flowers into 2 vases _____
9. 300 + 7 _____
10. 6 + 8 = 14 so 14 − 8 = ☐
11. 24, 28, _____, 36, 40
12. Shade $\frac{1}{2}$:
13. 15c + 25c + 10c _____
14. Pattern the smaller area with blue squares:

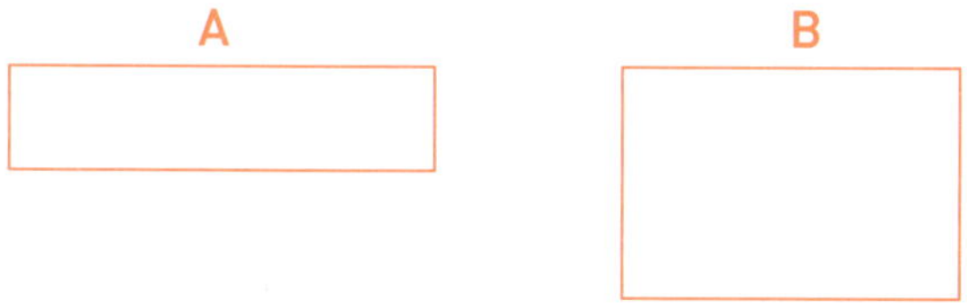

    A    B

15. Is a rectangle a quadrilateral? _____

D

1. 38 + 22 _____
2. 35 plus 25 _____
3. Subtract 18 from 79 _____
4. 70 − 55 _____
5. 8 × 4 _____
6. 6 bunches of 4 flowers _____
7. 16 wheels, how many cars? _____
8. Share 24 cakes into 2 tins _____
9. 1000 + 50 + 6 _____
10. 9 + 7 = 16 so 16 − ☐ = 9
11. 44, 48, _____, 56, 60
12. Which is larger, one half or one quarter? _____
13. 35c + 25c _____
14. Month before November _____
15. Use these words to label the shape:
    height
    width
    length

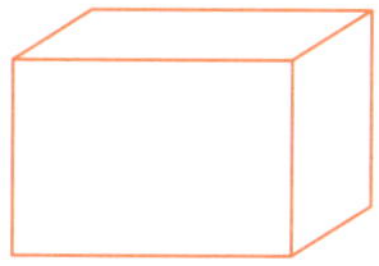

26 + 12 = ?
20 + 10 + 6 + 2
= 30 + 8
= 38

Matt is in Column 3, Row 4.

Position is the location of an object. Coordinates are letters or numbers that show position.

The bottom coordinate is always read before the side coordinate.

1. Give the position of:
    a   Lou _____
    b   Mike _____
    c   Alli _____
    d   Leo _____

2. Write Alan in Column 2, Row 3.

3. Draw the teacher in Column 4, Row 2.

Row	1	2	3	4
5	Leo	David		Amy
4		Alli	Matt	Paul
3	Lou		Mike	Trang
2			Mario	
1	Tom		Sam	Mel

Column

Excel Mental Maths Strategies Year 3 – Unit 6

Unit 7 Fun Spot!

1 The market starts at 9 o'clock. It will last four hours. Colour the clock that shows the time the market will end.

2 Sam bought 2 things at the food stall. He spent $1.60. Colour the two things he bought.

3 Nails are sold in bags of 20. Colour in enough bags and single nails to show exactly 68 nails.

4 Liew was standing facing the trees. He then looked to his right. Circle the thing he saw.

5 6 + 6 + 6 + 6 is equal to:
  A 4 + 6
  B 6 × 6 × 6 × 6
  C 4 × 6
  D 6 ÷ 4

6 Jo put some balls into rings like this:

What number sentence did she make?
  A 5 + 4 = 9
  B 20 − 5 = 15
  C 4 × 5 = 20

7 Kay sold pine trees. Which shape best matches the pine tree shape?
  A square
  B circle
  C triangle
  D rectangle

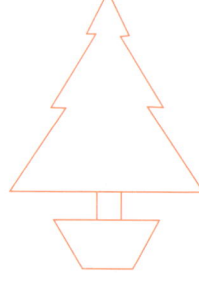

8 A hamburger costs $2.60.
Trang paid the exact amount.
Colour the coins she used.

9 The gum tree is 120 cm high.
The wattle tree is 5 cm taller.
How tall is the wattle tree?
  A 120 cm
  B 122 cm
  C 125 cm
  D 150 cm

10 Michael bought a cake and a poster.
Rule all lines of symmetry on each.

a  b

11 Matthew made a sign for the book stall. He wanted to make the largest number from the numeral cards. Colour the number he should put in first.

12 The children at the cake stall covered tha table with plastic.
Which group of tables needed the most plastic?

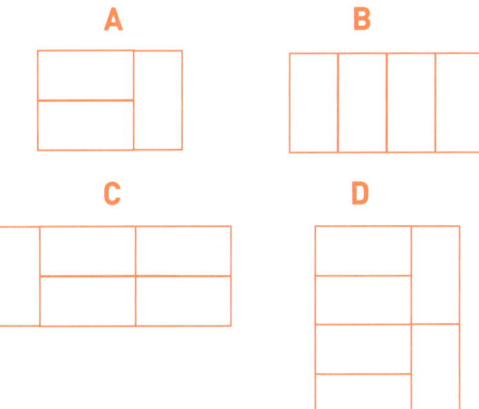

13 Grandma made 20 toffees.
If we sold 13, how many are left?
  A 3
  B 7
  C 10
  D 17

14 Circle the fifth pencil from the left.

15 The market raised $118.
Dave wrote $118 in words.
Which words did he write?
  A one hundred and eight dollars
  B one hundred and eighteen dollars
  C one hundred and eighty dollars
  D one hundred and eighty-one dollars

Unit 8 Revision A

1. a 3 + 2 ____   b 8 – 3 ____
   c 15 + 4 ____   d 12 – 8 ____
   e 1 + 16 ____   f 20 – 11 ____
   g 24 + 17 ____ h 50 – 25 ____

2. Complete:
   a 13, 15, 17, ____
   b 99, 98, ____, 96
   c 24, 26, 28, ____
   d 30, 40, 50, ____
   e 15, 20, ____, 30
   f 22, 32, ____, 52

3. Double:
   a 8 ____   b 5 ____
   c 6 ____   d 9 ____

4. Half of:
   a 14 ____   b 4 ____
   c 20 ____   d 10 ____

5. a 3 groups of 1 ____
   b 2 rows of 3 ____
   c 5 piles of 2 ____
   d 1 array of 7 ____

6. Circle the larger in each:
   a 6 or 16
   b 121 or 122
   c 5 or 50
   d 365 or 356

7. How many digits in:
   a 37 ____
   b 90 ____

8. Label these shapes:
   a  ____
   b  ____
   c  ____

9. Write in numerals:
   a sixteen ____
   b six ____
   c sixty ____
   d eight hundred and two ____

10. Write in words:
    a 22 ____
    b 44 ____
    c 89 ____
    d 307 ____

11. What part of this shape is coloured?
     ____ out of ____

12. a 1 ten + 9 ones ____
    b 4 tens + 2 ones ____
    c 3 tens + 7 ones ____
    d 5 hundreds + 2 tens + 4 ones ____

13. a 6 + 8 = 14 so 14 – 8 = ☐
    b 3 × 4 = 10 + ☐
    c 10 + 10 = ☐ × 5

Revision B

1 True or false:
   a 3 + 7 = 11 _____
   b 1 + 14 = 15 _____
   c 19 + 7 = 25 _____
   d 30 − 16 = 4 _____

2 Complete:
   a 6 × 3 = ☐ × 2
   b 4 × ☐ = 2 × 10
   c 6 + 8 = 7 + ☐
   d ☐ + 5 = 11 + 9

3 a 4 × 2 + 3 _____
   b 5 × 4 − 5 _____
   c 6 × 5 + 3 _____
   d 2 × 10 − 7 _____

4 Share:
   a 50c between 2 girls _____
   b $2 between 4 boys _____
   c 15 apples between 3 boxes _____

5 Colour to show:
   a 5 groups of 2

   b 3 groups of 4

6 Colour the heavier in each:
   a    b

7 Circle the shorter:
   a a path or a highway
   b a new pencil or a toothpick
   c a car or a bus

8 On each face show the time given:
   a 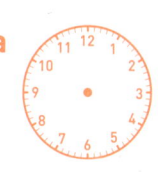 b 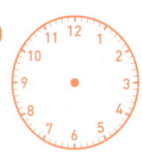 c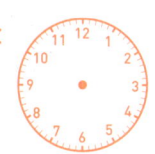
   two thirty   11 o'clock   half past 8
   d  e  f
   half past 10   12 o'clock   six thirty

9 Circle the smaller surface area:
   a a Base 10 long or your ruler
   b a metre ruler or a popstick
   c this book or the classroom

10 Which would hold more:
   a a cup or a big jug?
   b a milk carton or a mug?
   c a medicine cup or a frypan?

11 Draw lines to match:
   a 4:30   eleven thirty
   b 11:30   half past 2
   c 2:30   30 minutes past 4

Unit 9

A

1. 8 + 9 ____
2. 12 add 7 ____
3. 15 – 4 ____
4. 17 subtract 5 ____
5. Legs on 5 dogs ____
6. Fingers on 4 hands ____
7. 15 – 5 – 5 – 5 ____
8. Groups of 5 in 15 ____
9. Tens in 157 ____
10. Make tally marks for 9 ____
11. What number follows 39? ____
12. What fraction is shaded?

     ____

13. 25c + 15c ____
14. Order from heaviest to lightest:
    a child, adult, baby ____

    b horse, frog, cat ____

15. Which of these shapes is a quadrilateral? ____

    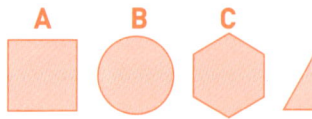

     /15

B

1. 16 + 7 + 4 ____
2. 34 + 5 + 6 ____
3. 50 – 25 ____
4. Matt baked 18 buns and ate 7. How many left? ____
5. Jo saves $4 each week. How much in 3 weeks? ____
6. 7 groups of 4 ____
7. Share 20 pencils amongst 4 ____
8. How many rows of 4 make 12? ____
9. Hundreds in 424 ____
10. 121, 123, ____, 127, 129
11. Third letter of the alphabet ____
12. What fraction is not shaded?

     ____

13. One pen costs 10c. How much for 5 pens? ____
14. Decorate these stamps:
    a the larger surface with a kangaroo
    b the smaller surface with a koala

15. A quadrilateral has 4 sides. True/false ____

     /15

Change the order and gather the units that total ten.

These all mean the same thing: shared among, in groups of, divided by

12 ÷ 3 = 4

12 shared among 3

groups of 3 in 12

Use the division symbol to complete.
Use the array of penguins to help you.

a 24 ÷ 2 = ____   b 24 ÷ 3 = ____

c 24 ÷ 12 = ____   d 24 ÷ 8 = ____

e 24 ÷ 4 = ____   f 24 ÷ 1 = ____

g 24 ÷ 6 = ____   h 24 ÷ 24 = ____

Excel Mental Maths Strategies Year 3 – Unit 9

C

1. 19 + 51 _____
2. 64 and 16 more _____
3. 40 − 21 _____
4. Difference between 50 and 29 _____
5. 4 nests with 7 rosellas in each _____
6. 5 × 4 _____
7. 12 ÷ 4 _____
8. 10 wallabies. How many pairs? _____
9. Number 10 more than 89 _____
10. 6 × ☐ = 9 × 2
11. Ordinal number after nineteenth _____
12. How many quarters in 1 whole? _____
13. Cost of 4 five cent apples _____
14. Friday is 15 March. Date of next Monday: _____
15. Which of these shapes are:

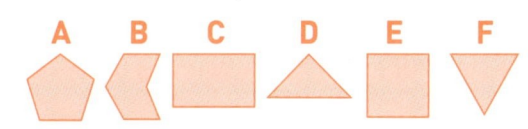

    A B C D E F

    a quadrilaterals _____
    b triangles _____
    c pentagons _____
    d squares _____

D

100 cm = 1 m

1. 25 + 52 + 15 _____
2. 27 plus 14 plus 23 _____
3. 70 − 35 _____
4. 75 − 34 _____
5. 9 × 4 _____
6. 10 × 4 _____
7. 20 ÷ 10 _____
8. 20 ÷ 2 _____
9. Hundreds in 364 _____
10. 8 × ☐ = 12 × 2
11. 85, _____, 105, 115, 125
12. Which is larger, one half or one whole? _____
13. Change from $1 if I spent 95c _____
14. Tick the correct boxes:

	Taller than 1 metre	Shorter than 1 metre
a Flower		
b Flagpole		
c Kangaroo		

15. How many edges on a cube? _____

---

eight fifteen → 8:15 ← quarter past eight
15 past 8 ↑ ↑ fifteen minutes past eight

These all mean the same time.

8:15 looks like: [clock] or 8:15

On each face show the time given:

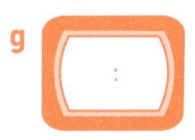

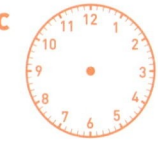

a ten thirty
b 2:45
c quarter past 10
d 15 minutes past 6
e quarter to one
f two thirty
g three fifteen
h 15 past 11

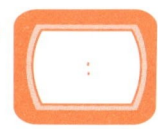

Excel Mental Maths Strategies Year 3 – Unit 9

Unit 10

A

1. ☺☺☺☺☺☺☺☺☺☺☺ + ☺☺☺☺☺☺☺☺☺☺ ___
2. 8 more than 9 ___
3. 17 − 8 ___
4. 6 less than 12 ___
5. Ears on 7 pigs ___
6. 5 × 5 ___
7. 18 − 6 − 6 − 6 ___
8. Share 20 into 4 equal groups ___
9. Value of 6 in 36 ___
10. Make tally marks for 12 ___
11. Number 6 after 13 ___
12. Half of 12 ___
13. Share 40c between 2 boys ___
14. How many blocks in each?
    a ___   b ___ 
    c ___   d ___ 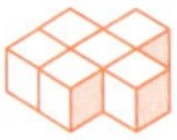
15. Draw a triangle.

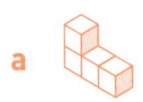

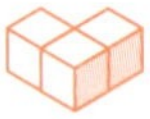

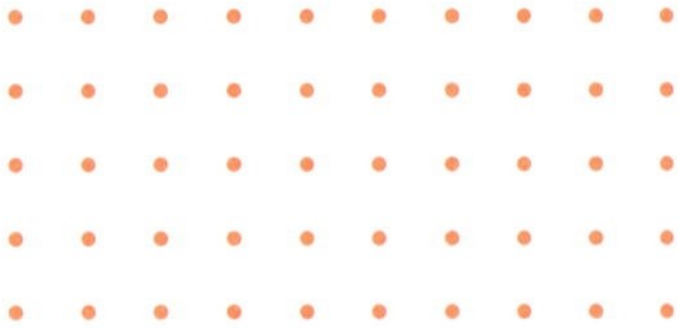

B

I can think of a pattern. 3 + 4 = 7 so 30 + 40 = 70

1. 30 + 40 ___
2. 300 + 400 ___
3. 60 minus 40 ___
4. 600 minus 400 ___
5. 3 rows of 8 stars ___
6. 9 piles of 4 books ___
7. Columns of 2 in 16 ___
8. Rows of 8 in 16 ___
9. | 3 hundreds | 0 tens | 6 ones | ___
10. Are 18 and 81 both odd numbers? ___
11. Joe won. Did he come 1st, 2nd or 3rd? ___
12. Tick the larger fraction: $\frac{1}{4}$ or $\frac{1}{8}$
13. Cost of 10 ten-cent comics ___
14. The container that holds:
    a the most ___
    b the least ___
    A Milk   B nose drops   C Pop   D Detergent
15. How many faces on a cube? ___

Use the array of emu eggs to find the answer:

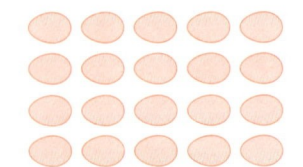

a 5 × 4 = ___   so   20 ÷ 5 = ___
b 4 × 5 = ___   so   20 ÷ 4 = ___
c 2 × 10 = ___ so   20 ÷ 2 = ___
d 10 × 2 = ___ so   20 ÷ 10 = ___
e 20 × 1 = ___ so   20 ÷ 20 = ___
f 1 × 20 = ___ so   20 ÷ 1 = ___

Learning tables is important. 9 × 2 = 18 so 18 ÷ 2 = 9

Multiplication and division are linked.

C

1. 17 + 5 + 23 _____
2. 26 + 9 + 34 _____
3. 45 – 23 _____
4. Subtract 7 from 14 _____
5. 7 × 4 _____
6. 7 × 5 _____
7. 35 ÷ 5 _____
8. Put 35 into groups of 7 _____
9. Number 10 more than 98 _____
10. ☐ × 6 = 2 × 12
11. 650, 550, 450, _____, 250
12. 4 eighths = 2 quarters True/false _____
13. Share 60c among 3 girls _____
14. How many days in April? _____
15. Name each shape:

    a _____ 

    b _____ 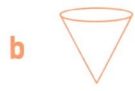

    c _____

D

Small areas can be measured in square centimetres.

1. 35 + 8 + 15 _____
2. 14 + 20 + 36 _____
3. 75 – 25 _____
4. 75 – 45 _____
5. 8 × 4 _____
6. 9 × 5 _____
7. 45 ÷ 5 _____
8. 45 shared among 9 _____
9. Write the numeral: Th H T U
10. 10 + 10 = ☐ × 5
11. 800, 700, 600, _____, 400
12. $\frac{1}{4}$ is more than $\frac{1}{2}$. True/false _____
13. Change from $2 if I spend $1.50 _____
14. Record the area: _____ cm^2
15. A square is a quadrilateral. True/false _____ 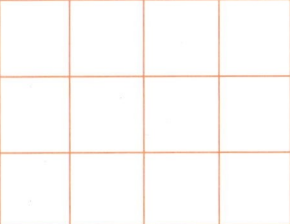

1 cm^2

15

15

1	a	3 × 2 = 6	2 × 3 = ___	6 ÷ 2 = ___	6 ÷ 3 = ___	$\frac{1}{2}$ of 6 = ___
	b	5 × 2 = ___	2 × 5 = ___	10 ÷ 2 = ___	10 ÷ 5 = ___	$\frac{1}{5}$ of 10 = ___
	c	8 × 2 = ___	2 × 8 = ___	16 ÷ 2 = ___	16 ÷ 8 = ___	$\frac{1}{8}$ of 16 = ___
	d	10 × 2 = ___	2 × 10 = ___	20 ÷ 2 = ___	20 ÷ 10 = ___	$\frac{1}{10}$ of 20 = ___
2	a	3 × 4 = 12	4 × 3 = ___	12 ÷ 4 = ___	12 ÷ 3 = ___	$\frac{1}{4}$ of 12 = ___
	b	6 × 4 = ___	4 × 6 = ___	24 ÷ 4 = ___	24 ÷ 6 = ___	$\frac{1}{4}$ of 24 = ___
	c	7 × 4 = ___	4 × 7 = ___	28 ÷ 4 = ___	28 ÷ 7 = ___	$\frac{1}{4}$ of 28 = ___
	d	9 × 4 = ___	4 × 9 = ___	36 ÷ 4 = ___	36 ÷ 9 = ___	$\frac{1}{4}$ of 36 = ___

Excel Mental Maths Strategies Year 3 – Unit 10

Unit 11

A

1. ☺☺☺☺ + ☺☺☺☺☺☺☺☺☺☺☺☺ _____
2. Total of 3 and 8 _____
3. 18 − 9 _____
4. 20 − 11 _____
5. 4 × 2 _____
6. 2 × 4 _____
7. 8 ÷ 2 _____
8. 8 ÷ 4 _____
9. Write the numeral shown: 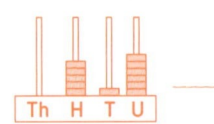
10. 3, 6, 9, _____, 15
11. 50, 60, 70, _____, 90
12. What fraction is coloured? _____ 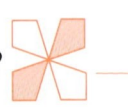
13. 25c + 10c + 5c _____
14. Underline the one that holds less:
    a a teaspoon or a cup
    b an icecream bucket or a mug
    c a can of drink or a carton of milk
15. Which shape has 6 sides? _____

B

Perimeter is the total distance around a shape.

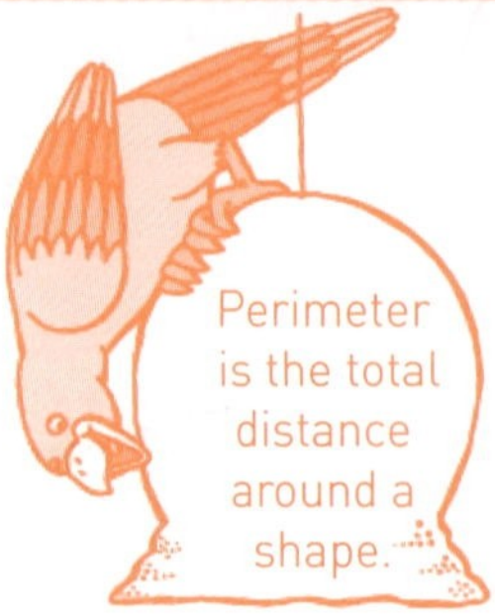

1. 25 + 25 _____
2. 250 + 250 _____
3. 80 − 60 _____
4. 800 − 600 _____
5. 4 + 4 + 4 + 4 + 4 + 4 _____
6. 6 × 4 _____
7. 24 ÷ 6 _____
8. 24 ÷ 4 _____
9. | 5 hundreds | 7 tens | 2 ones | _____
10. 26, 28, _____, 32, 34
11. 110, 210, 310, _____, 510
12. Colour $\frac{3}{8}$ of the shape: 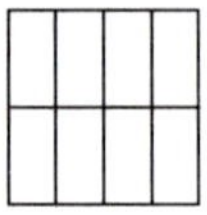
13. 10 pens cost 50c. How much for 1 pen? _____
14. Measure the perimeter of the shape:
15. A cube has 6 faces. True/false _____ 

---

1. Fill in the numeral expander, write the numeral and write the number in words:

   a | thousands | hundreds | tens | ones |

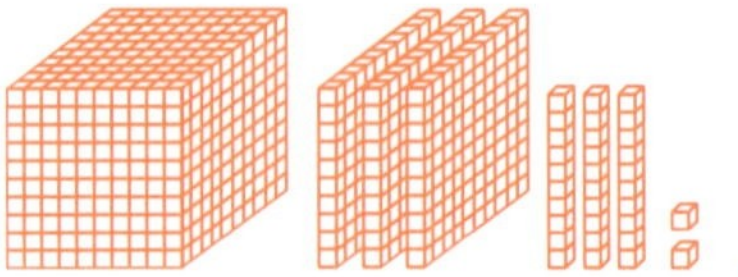

   b | thousands | hundreds | tens | ones |

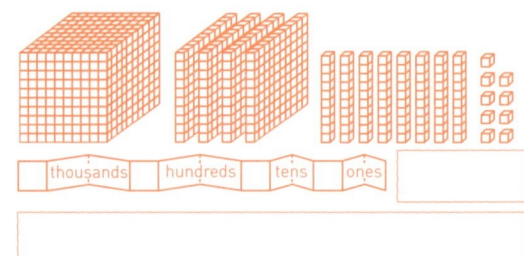

2. Write the numeral:
   a 500 + 60 + 7 _____
   b 1000 + 700 + 40 + 6 _____
   c 1000 + 800 + 6 _____
   d 1000 + 50 + 3 _____
   e 1000 + 300 + 70 _____
   f 1000 + 100 + 10 + 1 _____

The block shows 1 thousand or 10 hundreds or 100 tens or 1000 ones.

Excel Mental Maths Strategies Year 3 – Unit 11

C

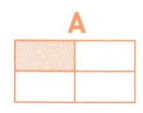

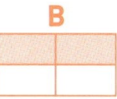

1. 36 + 8 _____
2. 42 + 9 _____
3. 90 less 45 _____
4. 900 less 450 _____
5. 2 × 9 _____
6. ☐ × 2 = 18
7. 18 shared among 2 _____
8. 18 ÷ 9 _____
9. Number 100 more than 257 _____
10. 8 × ☐ = 4 × 4
11. 126, _____, 326, 426, 526
12. Tick the larger shaded fraction:
    A   B
13. 4 rulers cost 24c. How much for 1 ruler? _____
14. Record the area:

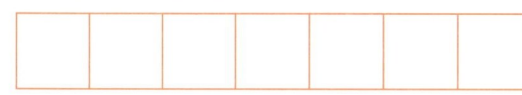

    _____ square centimetres
15. How many corners on a triangle? _____   /15

D

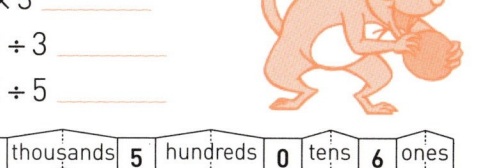

1. 43 + 19 _____
2. 63 + 19 _____
3. 100 − 25 _____
4. 100 − 50 _____
5. 3 × 5 _____
6. 5 × 3 _____
7. 15 ÷ 3 _____
8. 15 ÷ 5 _____
9. | 1 thousands | 5 hundreds | 0 tens | 6 ones |

    _____
10. 6 × 3 = ☐ × 2
11. 935, 835, _____, 635, 535
12. Tick the smaller shaded fraction: 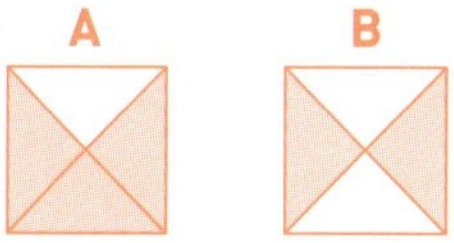
    A   B
13. Change from $2 if I spend $1.75 _____
14. Tick the items measured in kilograms: 
    A   B   C   D   E
15. Which shape has 5 sides? _____   /15

Use an array to solve × and ÷

Volume is the space taken up by an object.

How many cubic centimetres in each Base 10 model?

a _____ cubic centimetres

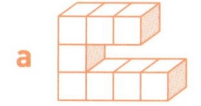

b _____ cubic centimetres

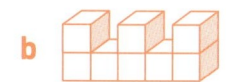

c _____ cubic centimetres

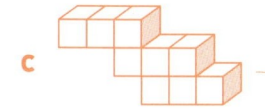

A Base 10 short has a volume of 1 cubic centimetre or 1 cm³. Each side is 1 cm long and each face is 1 cm² in area.

Excel Mental Maths Strategies Year 3 – Unit 11

Unit 12

A

1. 6 + 13 _____
2. 12 add 5 more _____
3. 19 − 11 _____
4. 20 less 15 _____
5. 6 × 2 _____
6. 6 × 4 _____
7. 20 ÷ 5 _____
8. 20 ÷ 10 _____
9. How many digits in 524? _____
10. 35, 40, _____, 50, 55
11. Smallest number from 9 and 7 _____
12. Tick the smaller shaded fraction: A B
13. 10c + 5c + 10c _____
14. How many days in 1 year? _____
15. Complete each pattern around the line of symmetry:
    a   b   c

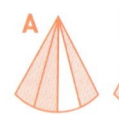

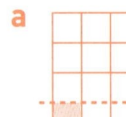

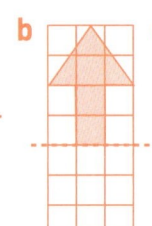

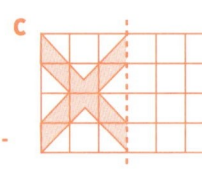

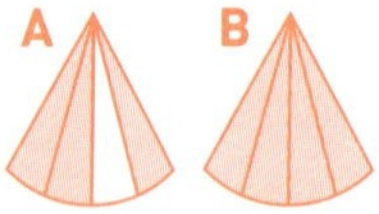

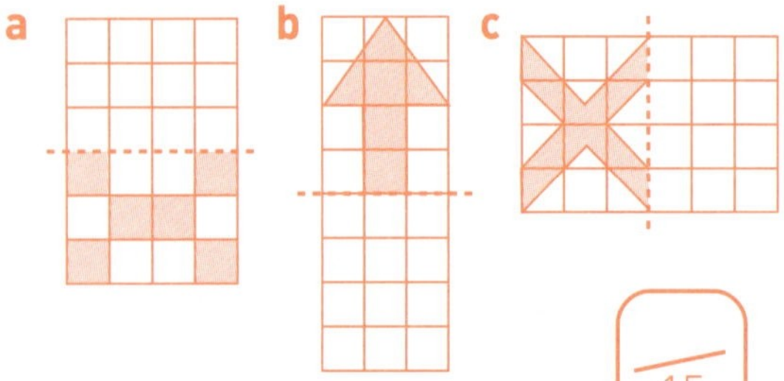

/15

B

1. 21 + 8 + 19 _____
2. 32 + 18 _____
3. 75 − 41 _____
4. 50 less 44 _____
5. 5 × ☐ = 20
6. 10 rows of 4 _____
7. 24 ÷ 2 _____
8. 24 − 12 − 12 _____
9. | 5 hundreds | 0 tens | 7 ones |
10. 97, 87, _____, 67, 57
11. Largest number from 4, 6, 1 _____
12. What fraction is white? 
13. How many 10c coins make $1? _____
14. Order from shortest to longest: pencil, toothpick, ruler _____
15. Rule an angle the same size as A

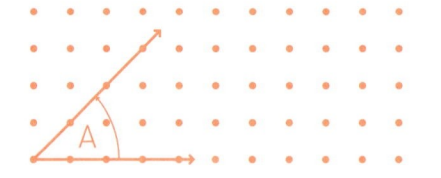

When two straight lines meet, they form an angle.

/15

Add by bridging the decades:

a 34 + 17 = 34 + 10 + 7 = 44 + 7 = _____
b 25 + 12 = 25 + 10 + _____ = _____ + _____ = _____
c 26 + 13 = 26 + 10 + _____ = _____ + _____ = _____
d 38 + 13 = 38 + 10 + _____ = _____ + _____ = _____
e 32 + 24 = 32 + 20 + _____ = _____ + _____ = _____
f 36 + 25 = 36 + 20 + _____ = _____ + _____ = _____
g 43 + 36 = 43 + 30 + _____ = _____ + _____ = _____
h 58 + 23 = 58 + 20 + _____ = _____ + _____ = _____
i 52 + 39 = 52 + 30 + _____ = _____ + _____ = _____
j 64 + 27 = 64 + 20 + _____ = _____ + _____ = _____

Decades are numbers in multiples of 10.
e.g. 10, 20, 30, ...

36 + 15 = ☐
Think!
36 + 10 = 46
and 5 more = 51

Unit 1 .... Page 20

A **1** 9 numbats **2** 10 **3** 3 penguins **4** 5 **5** 4, 6, 8 **6** 30 **7** no **8** [7 snails] **9** 42 **10** 20, 25, 30 **11** 44 **12** [triangle] **13** 110c **14** 7 **15a** triangle **b** rectangle

B **1** 19 **2** 20 **3** 5 **4** 9 **5** 15 **6** true **7** 5 **8** [9 kangaroos] **9** thirty-seven **10** 26 **11** 20, 15, 10 **12** one quarter or $\frac{1}{4}$ **13** 20c **14** B **15** true

Extra practice section: **a** 69 **b** 62 **c** 74 **d** 71 **e** 62 **f** 80

C **1** 24 **2** 28 **3** 15 **4** 6 **5** 40 **6** true **7** 7 **8** [4 apples] **9** 56 **10** 5 **11** 14 **12** [shaded square] **13** 30c **14** autumn **15a** 10 **b** 1 **c** 2 **d** 1 **e** 4

D **1** 58 **2** 79 **3** 26 **4** 24 **5** 24 **6** 50 **7** 4 **8** [8 birds] **9** 274 **10** true **11** 16 **12** three quarters, three out of 4, $\frac{3}{4}$ **13** 25c each **14** 30 **15a** [cupcake] **b** [house with trees] **c** [clown]

Extra practice section: **a** half past 9 **b** 5 o'clock **c** quarter to 3 **d** quarter past 10 **e** quarter to 11

2a [clock] **b** [clock] **c** [clock] **d** [clock] **e** [clock]

Unit 2 .... Page 22

A **1** 10 possums **2** 10 **3** 6 kangaroos **4** 2 **5** 10, 15, 20 **6** 60 **7** [5 kangaroos] **8** [6 creatures] **9** 24 **10** 8 **11** 20 **12** [shaded bars] **13** 70c **14** B **15a** rectangle **b** circle **c** hexagon

B **1** 19 **2** 19 **3** 21 **4** 11 **5** 10 **6** 30 **7** 9 **8** [penguins] **9** 328 **10** 8 **11** 80 **12** half, two out of four, two quarters, $\frac{2}{4}$ **13** 50c **14** January 26 **15a** D **b** A **c** B **d** C

Extra practice section: **a** 16 **b** 18 **c** 17 **d** 19 **e** 18 **f** 15 **g** 20 **h** 20 **i** 20 **j** 28 **k** 25 **l** 29

C **1** 25 **2** 32 **3** 22 **4** 10 **5** 14 **6** 45 **7** 15c **8** 5 **9** 263 **10** 12, 15, 18 **11** 50, 45, 40 **12** one out of four, one quarter, $\frac{1}{4}$ **13** $2 **14a** [elephant] **b** [ice cream] **15** A, C, D, E

D **1** 59 **2** 79 **3** 14 **4** 31 **5** 18 **6** 100 **7** 5c **8** 5 **9** 164 **10** 44, 55, 66 **11** 100, 50 **12** one out of two, one half, $\frac{1}{2}$ **13** 60c **14** Saturday, Sunday **15a** [box] **b** [box]

Extra practice section: **a** 5 **b** 4 **c** 3 **d** 3

Unit 3 .... Page 24

A **1** 14 kangaroos **2** 12 **3** 5 **4** 10 **5** 8, 12, 16 **6** 35 **7** 0 **8** [5 birds] **9** 81 **10** 4 **11** 30 **12** [grid] **13** 25c **14** 6 o'clock **15** [box]

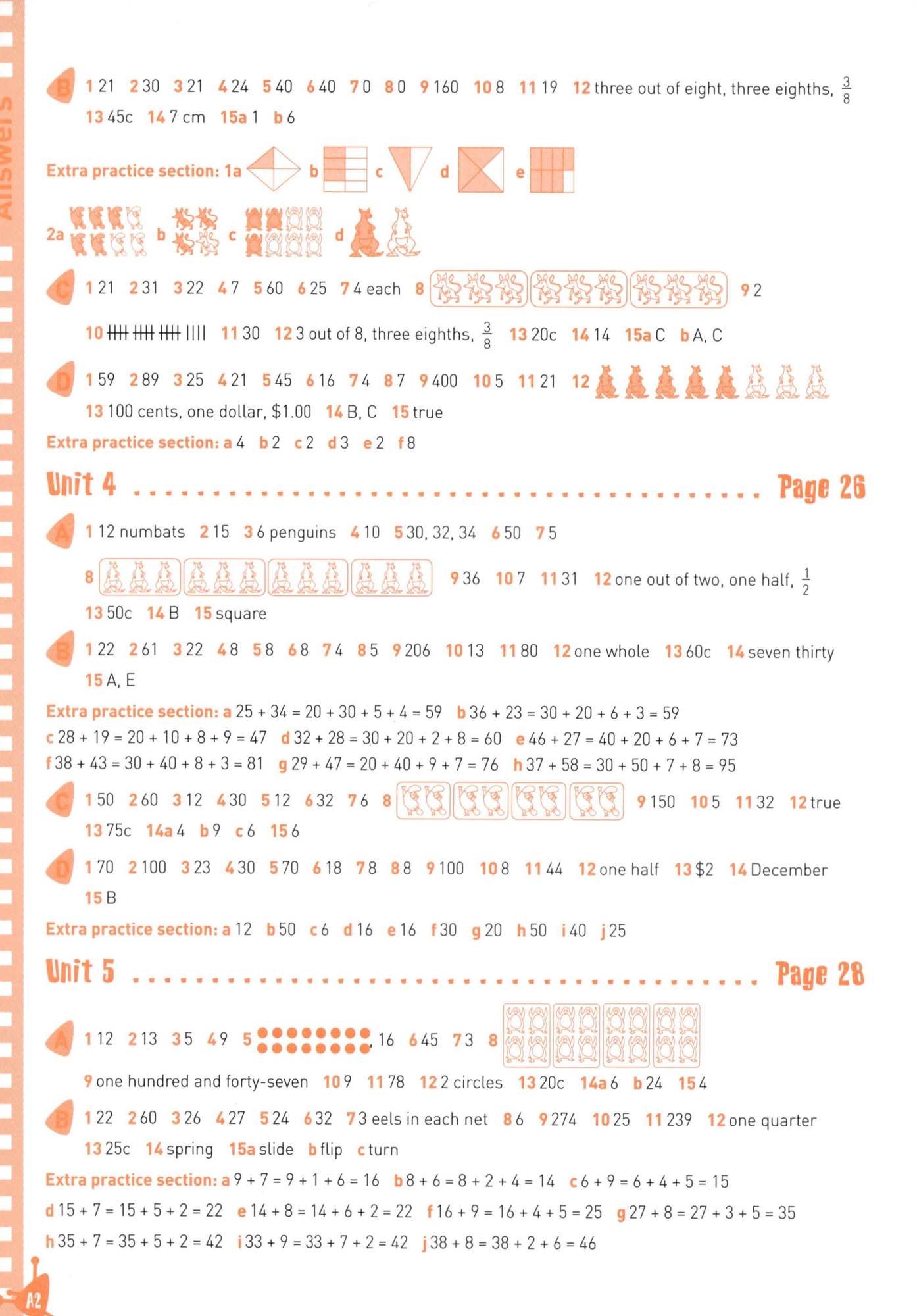

B   **1** 21   **2** 30   **3** 21   **4** 24   **5** 40   **6** 40   **7** 0   **8** 0   **9** 160   **10** 8   **11** 19   **12** three out of eight, three eighths, $\frac{3}{8}$
13 45c   **14** 7 cm   **15a** 1   **b** 6

Extra practice section: 1a ◇   **b** ▭   **c** ▽   **d** ⊠   **e** ▦

2a (wombats)   **b** (lions)   **c** (penguins)   **d** (kangaroos)

C   **1** 21   **2** 31   **3** 22   **4** 7   **5** 60   **6** 25   **7** 4 each   **8** (groups of kangaroos)   **9** 2
10 |||| |||| |||| |||| **11** 30   **12** 3 out of 8, three eighths, $\frac{3}{8}$ **13** 20c   **14** 14   **15a** C   **b** A, C

D   **1** 59   **2** 89   **3** 25   **4** 21   **5** 45   **6** 16   **7** 4   **8** 7   **9** 400   **10** 5   **11** 21   **12** (kangaroos)
13 100 cents, one dollar, $1.00   **14** B, C   **15** true

Extra practice section: a 4   **b** 2   **c** 2   **d** 3   **e** 2   **f** 8

Unit 4 .... Page 26

A   **1** 12 numbats   **2** 15   **3** 6 penguins   **4** 10   **5** 30, 32, 34   **6** 50   **7** 5
8 (kangaroos)   **9** 36   **10** 7   **11** 31   **12** one out of two, one half, $\frac{1}{2}$
13 50c   **14** B   **15** square

B   **1** 22   **2** 61   **3** 22   **4** 8   **5** 8   **6** 8   **7** 4   **8** 5   **9** 206   **10** 13   **11** 80   **12** one whole   **13** 60c   **14** seven thirty
15 A, E

Extra practice section: a 25 + 34 = 20 + 30 + 5 + 4 = 59   **b** 36 + 23 = 30 + 20 + 6 + 3 = 59
c 28 + 19 = 20 + 10 + 8 + 9 = 47   **d** 32 + 28 = 30 + 20 + 2 + 8 = 60   **e** 46 + 27 = 40 + 20 + 6 + 7 = 73
f 38 + 43 = 30 + 40 + 8 + 3 = 81   **g** 29 + 47 = 20 + 40 + 9 + 7 = 76   **h** 37 + 58 = 30 + 50 + 7 + 8 = 95

C   **1** 50   **2** 60   **3** 12   **4** 30   **5** 12   **6** 32   **7** 6   **8** (kangaroos)   **9** 150   **10** 5   **11** 32   **12** true
13 75c   **14a** 4   **b** 9   **c** 6   **15** 6

D   **1** 70   **2** 100   **3** 23   **4** 30   **5** 70   **6** 18   **7** 8   **8** 8   **9** 100   **10** 8   **11** 44   **12** one half   **13** $2   **14** December
15 B

Extra practice section: a 12   **b** 50   **c** 5   **d** 16   **e** 16   **f** 30   **g** 20   **h** 50   **i** 40   **j** 25

Unit 5 .... Page 28

A   **1** 12   **2** 13   **3** 5   **4** 9   **5** (dots), 16   **6** 45   **7** 3   **8** (kangaroos)
9 one hundred and forty-seven   **10** 9   **11** 78   **12** 2 circles   **13** 20c   **14a** 6   **b** 24   **15** 4

B   **1** 22   **2** 60   **3** 26   **4** 27   **5** 24   **6** 32   **7** 3 eels in each net   **8** 6   **9** 274   **10** 25   **11** 239   **12** one quarter
13 25c   **14** spring   **15a** slide   **b** flip   **c** turn

Extra practice section: a 9 + 7 = 9 + 1 + 6 = 16   **b** 8 + 6 = 8 + 2 + 4 = 14   **c** 6 + 9 = 6 + 4 + 5 = 15
d 15 + 7 = 15 + 5 + 2 = 22   **e** 14 + 8 = 14 + 6 + 2 = 22   **f** 16 + 9 = 16 + 4 + 5 = 25   **g** 27 + 8 = 27 + 3 + 5 = 35
h 35 + 7 = 35 + 5 + 2 = 42   **i** 33 + 9 = 33 + 7 + 2 = 42   **j** 38 + 8 = 38 + 2 + 6 = 46

C 1 60 2 80 3 16 4 15 5 28 6 80 7 7 8 4 9 four hundred and fifty-six 10 4 11 40 12 true 13 50c
14a B b C 15 4

D 1 80 2 80 3 45 4 20 5 25 6 60 7 2 8 9 9 46 10 4 11 40 12 [8 mice drawing]
13 $1.25 14a this book b classroom floor 15 [shape drawing]

Extra practice section: a 12 b 16 c 25 d 34 e 14 f 16 g 22 h 14

Unit 6 .... Page 30

A 1 12 2 15 3 4 4 8 5 90 6 32 7 4 8 colour 2 out of 8 kangaroos 9 36 10 4 11 28 12 5 penguins
13 60c 14 January 15 teacher or parent to check

B 1 17 2 25 3 21 4 32 5 28 6 36 7 7 8 9 9 487 10 4 11 150 12 colour 3 out of 5 platypus 13 15c
14 4000 cubes, C 15 square

Extra practice section: 1a 49 m b 53 m c 47 m d 49 m 2 teacher or parent to check a DE
b teacher or parent to check c teacher or parent to check

C 1 60 2 70 3 17 4 42 5 40 6 20 7 5 8 11 9 307 10 6 11 32 12 [shape] 13 50c
14 A is smaller 15 yes

D 1 60 2 60 3 61 4 15 5 32 6 24 7 4 8 12 9 1056 10 7 11 52 12 one half 13 60c 14 October

15 [cube diagram: length, height, width]

Extra practice section: 1a Column 1, Row 3 b Column 3, Row 3 c Column 2, Row 4 d Column 1, Row 5
2 teacher or parent to check, below Alli 3 teacher or parent to check, above Mel

Unit 7 – Fun Spot! .... Page 32

1 B 2 B, C 3 3 bags, 8 nails 4 bike 5 C 6 C 7 C 8 $2, 50c, 10c 9 C, 125 cm
10 teacher or parent to check, a 1 line b 2 lines 11 8 12 D 13 B 14 teacher or parent to check 15 B

Unit 8 – Revision A .... Page 34

1a 5 b 5 c 19 d 4 e 17 f 9 g 41 h 25 2a 19 b 97 c 30 d 60 e 25 f 42 3a 16 b 10 c 12 d 18 4a 7
b 2 c 10 d 5 5a 3 b 6 c 10 d 7 6a 16 b 122 c 50 d 365 7a 2 b 2 8a triangle b pentagon c hexagon
9a 16 b 6 c 60 d 802 10a twenty-two b forty-four c eighty-nine d three hundred and seven
11 3 out of 4 12a 19 b 42 c 37 d 524 13a 6 b 2 c 4

Unit 8 – Revision B .... Page 35

1a false b true c false d false 2a 9 b 5 c 7 d 15 3a 11 b 15 c 33 d 13 4a 25c b 50c c 5
5a [shoes] b [elephants] 6a horse b pineapple 7a path b toothpick
c car 8a [clock] b [clock] c [clock] d 10:30 e 12:00 f 6:30

9a Base 10 long b popstick c this book 10a big jug b milk carton c fry pan 11a 4:30, 30 minutes past 4
b 11:30, eleven thirty c 2:30, half past 2

B **1** 50 **2** 500 **3** 20 **4** 200 **5** 24 **6** 24 **7** 4 **8** 6 **9** 572 **10** 30 **11** 410 **12** [grid] **13** 5c **14** 14 cm **15** true

Extra practice section: 1a 1332, [1 thousands] [3 hundreds] [3 tens] [2 ones], one thousand three hundred and thirty-two **b** 1489, [1 thousands] [4 hundreds] [8 tens] [9 ones], one thousand four hundred and eighty-nine **2a** 567 **b** 1746 **c** 1806 **d** 1053 **e** 1370 **f** 1111

C **1** 44 **2** 51 **3** 45 **4** 450 **5** 18 **6** 9 **7** 9 **8** 2 **9** 357 **10** 2 **11** 226 **12** B **13** 6c **14** 7 **15** 3

D **1** 62 **2** 82 **3** 75 **4** 50 **5** 15 **6** 15 **7** 5 **8** 3 **9** 1506 **10** 9 **11** 735 **12** B **13** 25c **14** A, E **15** pentagon

Extra practice section: a 8 **b** 8 **c** 9

Unit 12 .... Page 42

A **1** 19 **2** 17 **3** 8 **4** 5 **5** 12 **6** 24 **7** 4 **8** 2 **9** 3 **10** 45 **11** 79 **12** A **13** 25c **14** 365

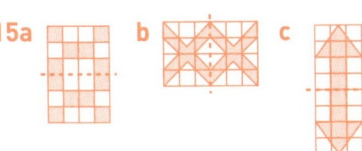

15a [grid] **b** [grid] **c** [grid]

B **1** 48 **2** 50 **3** 34 **4** 6 **5** 4 **6** 40 **7** 12 **8** 0 **9** 507 **10** 77 **11** 641 **12** $\frac{1}{5}$ **13** 10

14 toothpick, pencil, ruler **15** [dot grid with angle]

Extra practice section: a 34 + 17 = 34 + 10 + 7 = 44 + 7 = 51 **b** 25 + 12 = 25 + 10 + 2 = 35 + 2 = 37
c 26 + 13 = 26 + 10 + 3 = 36 + 3 = 39 **d** 38 + 13 = 38 + 10 + 3 = 48 + 3 = 51 **e** 32 + 24 = 32 + 20 + 4 = 52 + 4 = 56
f 36 + 25 = 36 + 20 + 5 = 56 + 5 = 61 **g** 43 + 36 = 43 + 30 + 6 = 73 + 6 = 79 **h** 58 + 23 = 58 + 20 + 3 = 78 + 3 = 81
i 52 + 39 = 52 + 30 + 9 = 82 + 9 = 91 **j** 64 + 27 = 64 + 20 + 7 = 84 + 7 = 91

C **1** 52 **2** 47 **3** 32 **4** 71 **5** 12 **6** 4 **7** 4 **8** 4 **9** 1649 **10** 36 **11** 390 **12** $\frac{1}{2}$ **13** 5 **14** 4 hours

15 [grid pattern]

D **1** 76 **2** 95 **3** 64 **4** 52 **5** 10 **6** 10 **7** 5 **8** 4 **9** 396 **10** 135 **11** 730 **12** 8 **13** 65c **14** true

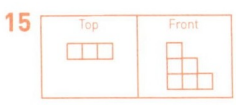

15 [Top / Front views]

Extra practice section: 1a 2 × 3 = 6; 3 × 2 = 6; 6 ÷ 3 = 2; 6 ÷ 2 = 3; $\frac{1}{2}$ of 6 = 3 **b** 5 × 3 = 15; 3 × 5 = 15; 15 ÷ 3 = 5; 15 ÷ 5 = 3; $\frac{1}{5}$ of 15 = 3 **c** 4 × 3 = 12; 3 × 4 = 12; 12 ÷ 3 = 4; 12 ÷ 4 = 3; $\frac{1}{4}$ of 12 = 3 **d** 10 × 3 = 30; 3 × 10 = 30; 30 ÷ 3 = 10; 30 ÷ 10 = 3; $\frac{1}{10}$ of 30 = 3 **e** 8 × 3 = 24; 3 × 8 = 24; 24 ÷ 3 = 8; 24 ÷ 8 = 3; $\frac{1}{8}$ of 24 = 3 **2** 27

Unit 13 .... Page 44

A **1** 21 **2** 20 **3** 8 **4** 9 **5** 14 **6** 28 **7** 5 **8** 6 **9** 534 **10** 32 **11** 964 **12** [hexagons] **13** 75c **14** 24 **15a** C **b** B

B **1** 33 **2** 60 **3** 27 **4** 71 **5** 4 **6** 40 **7** 8 **8** 4 **9** 390 **10** 36 **11** 151st **12** 8 **13** 10 **14** March, April, May

15a corner **b** face

Extra practice section: a H **b** A, G, I, K **c** B, C, D, E, F, J

C 1 10 2 80 3 55 4 35 5 36 6 4 7 5 8 10 9 501 10 39 11 322nd 12 yes 13 $1.85 14 5 15 C, B, D, A

D 1 7 2 90 3 55 4 35 5 0 6 32 7 12 8 7 9 601 10 541 11 571st 12 no 13 10 14 true 15 A, C

Extra practice section: 1a prism b pyramid c prism d prism e prism

Unit 14 .... Page 46

A 1 24 2 20 3 6 4 7 5 36 6 32 7 4 8 8 9 no 10 12 11 79 12 $\frac{1}{2}$ 13 75c 14 kg 15a C, D b A, E c B, F

B 1 80 2 62 3 51 4 52 5 16 6 7 7 9 8 4 9 145 10 24 11 277 12 yes 13 $1.25 14 5 cm
15 vertex → angle, arm, arm

Extra practice section: 1a A, C, D, E b B, F 2 true 3 4

C 1 6 2 54 3 6 4 9 5 18 6 21 7 5 8 28 9 691 10 27 11 297 12 yes 13 10c 14a 5:15, 15 past 5 b 7:45, 15 to 8 c 9:30, 30 past 9 15 false

D 1 61 2 83 3 14 4 22 5 21 6 10 7 3 8 9 9 seven hundred and forty-eight 10 300 11 603 12 true 13 $6 14 16th 15

	A	B
Corners	6	12
Edges	9	18
Faces	5	8

Extra practice section: 1a 4 × 6 = 24, 6 × 4 = 24; 24 ÷ 6 = 4; 24 ÷ 4 = 6; $\frac{1}{4}$ of 24 = 6 b 5 × 6 = 30; 6 × 5 = 30; 30 ÷ 6 = 5; 30 ÷ 5 = 6; $\frac{1}{5}$ of 30 = 6 c 8 × 6 = 48; 6 × 8 = 48; 48 ÷ 6 = 8; 48 ÷ 8 = 6; $\frac{1}{8}$ of 48 = 6 d 10 × 6 = 60; 6 × 10 = 60; 60 ÷ 6 = 10; 60 ÷ 10 = 6; $\frac{1}{10}$ of 60 = 6 2 54

Unit 15 – Fun Spot! .... Page 48

1 B 2 C 3 4 5 $1, 50c, 20c, 5c 6 C 7 C 8 C 9 C, 12 10 4 boxes, 4 pencils 11 D 12 B 13 B 14 4 chairs 15 C 16 D

Unit 16 – Revision A .... Page 50

1a 5 b 26 c 4 d 7 e 60 f 9 g 6 h 19 2a 30 b 18 c 70 d 24 e 36 f 24 g 21 h 100 3 3, 77, 281
4a 7 ones b 7 tens c 7 hundreds 5a 52 b 644 c 205 6a 50 b 89 c 510 d 275 7a 50c b 80c 8a 12 b 2
c 12 9a 20 b 40 c 12 10a 5 eighths b 4 fifths c one half d 3 fifths 11a four b fourteen c forty
d three hundred and forty-four 12a 30 b 40 c 8 d 20 e 12

Unit 16 – Revision B .... Page 51

1a 138, 140, 142, 144 b 272, 274, 276, 278, 280 2a 325, 327, 329, 331, 333 b 253, 255, 257, 259, 261 3a 30
b 73 c 549 d 782
4a b c 5a 2:45 b 10:15 c 2:30 6 C 7 8a 3 b 4

c 5 **d** 3 **9a** 7:30, seven thirty **b** 10:15, 15 minutes past 10 **c** 1:45, 45 minutes past 1 **10** 12 cm² **11** B

Unit 17 .... Page 52

A **1** 28 **2** 19 **3** 3 **4** 21 **5** 40 **6** 80 **7** 7 **8** 5 **9** no **10** 77 **11** 108 **12** teacher or parent to check **13** 15c **14** 100 **15** F, H, M, N, U, Z

B **1** 40 **2** 26 **3** 51 **4** 43 **5** false **6** 7 **7** 3 **8** 9 **9** 30 **10** 111 **11** 157 **12** true **13** 25c **14a** 15 to 2, 1:45 **b** 24 past 3, 3:24 **c** 8 to 9, 8:52 **15** true

Extra practice section: **1** A, D **2** C, E **3** teacher or parent to check **4** teacher or parent to check

C **1** 6 **2** 56 **3** 16 **4** 12 **5** 24 **6** 30 **7** 5 **8** 8 **9** 327 **10** 301 **11** 270 **12** yes **13** 25c **14** A, C **15** 5

D **1** 62 **2** 45 **3** 18 **4** 16 **5** 7 **6** 3 **7** 10 **8** 9 **9** nine hundred and fifty-seven **10** 503 **11** 507 **12** false **13** $2 **14a** 10 **b** 3 **15** 8

Extra practice section: **1** teacher or parent to check

Unit 18 .... Page 54

A **1** 20 **2** 13 **3** 16 **4** 4 **5** 20 **6** 36 **7** 8 **8** 4 **9** 54 **10** 39 **11** 70 **12** yes **13** 35c **14** 10 cm² **15** 6

B **1** 55 **2** 18 **3** 16 **4** 21 **5** 12 **6** 6 **7** 10 **8** 6 **9** 65 **10** 36 **11** 72 **12** teacher or parent to check **13** 35c **14** 200 cm **15** [grid with letters L, N, @, W, M, =]

Extra practice section: **1a** 1 thousands 5 hundreds 3 tens 9 ones / 15 hundreds 3 tens 9 ones / 153 tens 9 ones **b** 1 thousands 3 hundreds 0 tens 7 ones / 13 hundreds 0 tens 7 ones / 130 tens 7 ones

2a two hundred and fifty-six **b** one thousand three hundred and forty-eight **c** one thousand five hundred and twenty-nine

C **1** 68 **2** 54 **3** 22 **4** 11 **5** 24 **6** 8 **7** 9 **8** 3 **9** 381 **10** 302 **11** 483 **12** teacher or parent to check **13** $3 **14a** 6:10, 10 past 6 **b** 8:55, 5 to 9 **c** 8:20, 20 past 8 **15** E, F, H, L, T

D **1** 54 **2** 43 **3** 9 **4** 9 **5** 9 **6** 6 **7** 7 **8** 8 **9** 2147 **10** 540 **11** 272 **12** teacher or parent to check **13** 15 **14a** 350 g **b** 850 g **c** 950 g **15** false

Extra practice section: **1** teacher or parent to check **2** yes

Unit 19 .... Page 56

A **1** 20 **2** 13 **3** 2 **4** 12 **5** 24 **6** 24 **7** 8 **8** 6 **9** 30 **10** 3 **11** 75 **12** teacher or parent to check **13** 25c **14a** 7 cm³ **b** 8 cm³ **c** 5 cm³ **15** 6

B **1** 45 **2** 54 **3** 21 **4** 52 **5** 18 **6** 5 **7** 6 **8** 6 **9** 1 thousands 5 hundreds 0 tens 6 ones **10** 9 **11** 327 **12** $\frac{3}{4}$ **13** $6.50 **14** 6 cm² **15** [grid pattern]

Extra practice section: **1** triangle **2** circle **3** circle **4** circle **5** circle **6** circle **7** triangle **8** circle

C   **1** 48   **2** 66   **3** 14   **4** 44   **5** 6   **6** 6   **7** 10   **8** 9   **9** | 1 | 0 | hundreds | 6 | tens | 3 | ones | **10** 4   **11** 351   **12** $\frac{3}{10}$ **13** $10.50   **14** 30 mm   **15a** C   **b** A   **c** B

D   **1** 84   **2** 160   **3** 23   **4** 31   **5** 6   **6** 36   **7** 48   **8** 6   **9** | 1 | 4 | 0 | tens | 9 | ones | **10** 6   **11** 672   **12** $\frac{3}{4}$, $\frac{4}{4}$ **13** 500c   **14a** 12:38, 22 to 1   **b** 9:29, 29 past 9   **c** 6:53, 7 to 7   **15** true

Extra practice section: 1a 4 × 8 = 32; 8 × 4 = 32; 32 ÷ 8 = 4; 32 ÷ 4 = 8; $\frac{1}{4}$ of 32 = 8   **b** 6 × 8 = 48; 8 × 6 = 48; 48 ÷ 8 = 6; 48 ÷ 6 = 8; $\frac{1}{8}$ of 48 = 6   **c** 7 × 8 = 56; 8 × 7 = 56; 56 ÷ 8 = 7; 56 ÷ 7 = 8; $\frac{1}{8}$ of 56 = 7   **d** 5 × 8 = 40; 8 × 5 = 40; 40 ÷ 8 = 5; 40 ÷ 5 = 8; $\frac{1}{5}$ of 40 = 8   **e** 9 × 8 = 72; 8 × 9 = 72; 72 ÷ 8 = 9; 72 ÷ 9 = 8; $\frac{1}{8}$ of 72 = 9   **2** 24   **3** teacher or parent to check

Unit 20 .... Page 58

A   **1** 17   **2** 25   **3** 11   **4** 11   **5** 21   **6** 32   **7** 7   **8** 9   **9** 72   **10** 2   **11** 105   **12** teacher or parent to check   **13** 70c   **14** A, B, E   **15** 12

B   **1** 57   **2** 47   **3** 15   **4** 53   **5** 40   **6** 64   **7** 2   **8** 3   **9** | 8 | hundreds | 5 | tens | 6 | ones | **10** 10   **11** 264   **12** 8 out of 100, $\frac{8}{100}$ **13** $16.50   **14** 50 mm   **15** A, C

Extra practice section: 1a 40 out of 100, $\frac{40}{100}$ **b** 66 out of 100, $\frac{66}{100}$ **c** 20 out of 100, $\frac{20}{100}$ **d** 10 out of 100, $\frac{10}{100}$ **2** teacher or parent to check   **a** $\frac{17}{100}$ **b** $\frac{20}{100}$ **c** $\frac{42}{100}$ **d** $\frac{70}{100}$

C   **1** 56   **2** 43   **3** 16   **4** 73   **5** 56   **6** 8   **7** 4   **8** 8   **9** | 1 | thousands | 8 | hundreds | 2 | tens | 6 | ones | **10** 9   **11** 352   **12** 24 out of 100, $\frac{24}{100}$ **13** $22.50   **14** B, D   **15** true

D   **1** 70   **2** 90   **3** 23   **4** 20   **5** 72   **6** 6   **7** 8   **8** 9   **9** 3204   **10** 3   **11** 382   **12** teacher or parent to check   **13** $1.50   **14** 34 mm   **15** yes

Extra practice section: 1a, **b**, **c** (shapes)   **2** A, C, E

Unit 21 .... Page 60

A   **1** 15   **2** 24   **3** 14   **4** 14   **5** 24   **6** 6   **7** 3   **8** 3   **9** 165   **10** 8   **11** 120   **12** teacher or parent to check   **13** $2   **14** 1 000   **15** cube

B   **1** 55   **2** 58   **3** 22   **4** 28   **5** 48   **6** 8   **7** 8   **8** 8   **9** 1 263   **10** 3   **11** 118   **12** teacher or parent to check   **13** $1.25   **14** no   **15** (butterfly and rabbit symmetry drawings)

Extra practice section: 1 2, 4, 6, 8, 10, 12, 14   **2** 3, 6, 9, 12, 15, 18, 21   **3** 4, 8, 12, 16, 20, 24, 28

C   **1** 75   **2** 33   **3** 22   **4** 34   **5** 8   **6** 9   **7** 7   **8** 8   **9** | 3 | hundreds | 0 | tens | 7 | ones | **10** 5   **11** 448   **12** teacher or parent to check   **13** $1.50   **14** B   **15** ⊗

D   **1** 41   **2** 56   **3** 11   **4** 41   **5** 64   **6** 36   **7** 10   **8** 5   **9** 1030   **10** 6   **11** 2   **12** B   **13** $2.00   **14** 9 cm²   **15a** pyramid   **b** prism

Extra practice section: 1a C **b** L **c** E **d** V **e** E **f** R **2a** L **b** to the left of O **c** to the left of F **d** to the left of D

Unit 22 .... Page 62

A **1** 34 **2** 38 **3** 13 **4** 12 **5** 27 **6** 30 **7** 8 **8** 3 **9** 58 **10** 32 **11** 130 **12** teacher or parent to check **13** 50c **14a** 6:11 **b** 10:46 **c** 9:51 **15** 8

B **1** 52 **2** 51 **3** 24 **4** 37 **5** 8 **6** 72 **7** 9 **8** 5 **9** no **10** 40 **11** $\frac{3}{4}$ **12** B **13** $2.50 **14** C, D **15** no

Extra practice section: 1a 8 hundredths, $\frac{8}{100}$ **b** 66 hundredths, $\frac{66}{100}$ **c** 24 hundredths, $\frac{24}{100}$ **d** 47 hundredths, $\frac{47}{100}$ **2** teacher or parent to check **a** $\frac{56}{100}$ **b** $\frac{63}{100}$ **c** $\frac{4}{100}$ **d** $\frac{40}{100}$

C **1** 80 **2** 64 **3** 22 **4** 67 **5** 9 **6** 8 **7** 6 **8** 8 **9** 624 **10** 56 **11** 555 **12** $\frac{27}{100}$ **13** 50c **14a** 800 mL **b** 900 mL **15** 4

D **1** 41 **2** 53 **3** 22 **4** 34 **5** 20 **6** 200 **7** 5 **8** 8 **9** 1606 **10** 64 **11** 111 **12** 33 out of 100, $\frac{33}{100}$ **13** $1.50 **14a** 39–40 cm **b** 27–28 cm **15a** square **b** triangle

Extra practice section: 1a 40 km **b** 79 km **c** 45 km **d** 87 km **e** 69 km **2** 18 km

Unit 23 — Fun Spot! .... Page 64

1 teacher or parent to check **2** 2 large triangles **3** cat **4a** horse **b** house **c** man **d** shed **e** dog **5a** [image] **b** [image] **6** A: green – 2, blue – 1; B: green – 3, blue – 2 **7a** 4 **b** 9 **c** 5 **d** 1 **e** 2 **8** teacher or parent to check

Unit 24 — Revision A .... Page 66

1a 16 **b** 12 **c** 52 **d** 22 **e** 72 **f** 20 **g** 43 **h** 53 **2a** 18 **b** 32 **c** 42 **d** 50 **e** 36 **f** 40 **3a** 4 **b** 9 **c** 8 **d** 6 **e** 9 **f** 9 **4a** 66 **b** 152 **c** no **d** 307 **e** 1 024 **f** 1 462 **5a** 2 **b** 3 **c** 3 **d** 5 **6a** 100 **b** 146 **c** 460 **d** 635

7a teacher or parent to check **b** teacher or parent to check **c** 28 out of 100, $\frac{28}{100}$ **d** A **8a** 53 **b** 80 **c** 24 **d** 54 **9a** 35 **b** 48 **c** 63 **10a** 8 **b** 6 **c** 5 **11a** 6 **b** 5 **12** broken, straight **13** 21 **14** C, A, B

Unit 24 — Revision B .... Page 67

1 [image] **2a** $1.70 **b** 35c **c** 55c **d** 15c **3a** 24 **b** 16 **c** 7 **d** 60 **4a** 2 tens **b** 2 hundreds **c** 2 ones **d** 2 tens **5a** 419 **b** 785 **c** 1047 **6a** 6 **b** 4 **c** 1 **d** 5 **7a** 34 **b** 26 **c** 36 **d** 29 **e** 45 **f** 31 **8a** B **b** C, D, A, B **9a** 3 **b** 12 **c** 14 **d** 49 **e** 125 **f** 163

Unit 25 .... Page 68

A **1** 37 **2** 34 **3** 11 **4** 12 **5** 32 **6** 21 **7** 5 **8** 9 **9** 246 **10** 250 **11** 166 **12** 13 **13** 36 **14** 10 **15a** A, B, F **b** A, B

B **1** 47 **2** 54 **3** 16 **4** 16 **5** 6 **6** 10 **7** 3 and 1 left over **8** 2 and 1 left over **9** 2 374 **10** 400 **11** 279 **12** $\frac{7}{10}$

13 53 **14** 16 cm² **15** [grid of shapes: pyramid, square, triangle, triangle, triangle, triangle]

Extra practice section: 1a 0·57 **b** 0·43 **c** 0·71 **2a** 17 hundredths **b** 95 hundredths **c** 38 hundredths
3a 0·64 **b** 0·29 **c** 0·82 **4a** 59 hundredths **b** 87 hundredths **c** 41 hundredths

C **1** 54 **2** 61 **3** 16 **4** 18 **5** 8 **6** 64 **7** 3 remainder 1 **8** 5 remainder 1 **9** 3 065 **10** 1 310 **11** 101st **12** 8
13 true **14** B **15** base

D **1** 71 **2** 52 **3** 28 **4** 19 **5** 0 **6** 25 **7** 6 remainder 1 **8** 3 remainder 1 **9** 5 hundreds **10** 1 508 **11** 1 023
12 2 **13** $\frac{4}{10}$ **14a** 12 **b** 2 **15** 3

Extra practice section: 1a 16 **b** 25 **c** 36 **d** 49 **2a** 8 × 8 = 64 **b** 9 × 9 = 81
c 10 × 10 = 100 **d** 1 × 1 = 1

Unit 26 .... Page 70

A **1** 22 **2** 32 **3** 7 **4** 17 **5** 42 **6** 27 **7** 8 **8** 8 **9** 4 hundreds **10** 352 **11** 284 **12** true **13** 20 **14a** 6 cm³
b 5 cm³ **c** 6 cm³ **15** cube

B **1** 60 **2** 50 **3** 18 **4** 28 **5** 24 **6** 19 **7** 10 remainder 1 **8** 4 remainder 1 **9** 1 265 **10** 592 **11** 142 **12** yes
13 45c **14** 1 000 g **15a** [shapes] **b** [shapes]

Extra practice section: 1a 5 **b** 3 **2** no **3** 15 **4** 32 **5** D **6** [seating chart]

C **1** 42 **2** 62 **3** 28 **4** 48 **5** 22 **6** 47 **7** 7 remainder 1 **8** 5 remainder 1 **9** 1 397 **10** 1 401 **11** 66 **12** yes
13 24 **14** A – 2 cm, B – 4 cm, C – 2 cm, D – 3 cm **15** 0

D **1** 71 **2** 91 **3** 38 **4** 68 **5** 0 **6** 40 **7** 6 remainder 2 **8** 6 remainder 1 **9** 2 868 **10** 1 007 **11** 166
12 one quarter **13** false **14** B, C **15a** pyramid **b** cylinder **c** prism

Extra practice section: 1a Victoria **b** New South Wales **c** Queensland **d** Western Australia **2a** Darwin
b Brisbane **c** Perth **d** Hobart

Unit 27 .... Page 72

A **1** 23 **2** 33 **3** 5 **4** 15 **5** 20 **6** 48 **7** 2 remainder 1 **8** 4 remainder 1 **9** 277 **10** 396 **11** 140 **12** 12
13 0·3 **14** B **15** 8

B **1** 51 **2** 71 **3** 17 **4** 27 **5** 28 **6** 39 **7** 10 remainder 1 **8** 6 remainder 1 **9** 7 hundreds **10** 307 **11** $\frac{4}{5}$
12 16 **13** true **14a** December, January, February **b** spring **c** autumn **15a** 3 **b** 2 **c** 0

Extra practice section: **1** 16 cm **2** 16 cm **3** 16 cm **4** all the same length

C **1** 32 **2** 52 **3** 28 **4** 48 **5** 40 **6** 22 **7** 5 r 2 **8** 8 r 1 **9** 1 352 **10** 994 **11** $\frac{3}{8}$ **12** $\frac{1}{4}$ **13** false
14 [cube diagram] **15** north

D **1** 58 **2** 88 **3** 33 **4** 33 **5** 33 **6** 2, 4, 6, 8, 10 **7** 8 r 1 **8** 7 r 1 **9** 250 **10** 1 411 **11** $\frac{62}{100}$ **12** yes **13** true **14a** 1 000 **b** 500 **15**

Extra practice section: **1a** $4 \times 9 = 36$; $9 \times 4 = 36$; $36 \div 9 = 4$; $36 \div 4 = 9$; $\frac{1}{4}$ of 36 = 9 **b** $5 \times 9 = 45$; $9 \times 5 = 45$; $45 \div 9 = 5$; $45 \div 5 = 9$; $\frac{1}{5}$ of 45 = 9 **c** $6 \times 9 = 54$; $9 \times 6 = 554$; $54 \div 9 = 6$; $54 \div 6 = 9$; $\frac{1}{6}$ of 54 = 9 **d** $7 \times 9 = 63$; $9 \times 7 = 63$; $63 \div 9 = 7$; $63 \div 7 = 9$; $\frac{1}{7}$ of 63 = 9 **e** $8 \times 9 = 72$; $9 \times 8 = 72$; $72 \div 9 = 8$; $72 \div 8 = 9$; $\frac{1}{8}$ of 72 = 9 **2** 9, 18, 27, 36, 45, 54, 63, 72, 81, 90

Unit 28 .... Page 74

A **1** 23 **2** 33 **3** 8 **4** 18 **5** 32 **6** 42 **7** 6 r 1 **8** 3 r 2 **9** 3 **10** yes **11** 0·05 **12** 4 **13** 0·13 **14** 4:07, 7 past 4 **b** 10:36, 24 to 11 **c** 7:26, 26 past 7 **15** yes

B **1** 41 **2** 61 **3** 17 **4** 27 **5** 5 × 4 **6** 10, 20, 30, 40, 50 **7** 5 r 1 **8** 3 r 4 **9** 1 thousand **10** true **11** 0·30 **12** 8 **13** 0·1 **14** 1·83 m **b** 1 m 64 cm **c** 1·27 m **15** true

Extra practice section: **1a** 7·57 **b** 8·40 **2a** 13 minutes **b** 31 minutes **3** 8:17

C **1** 31 **2** 51 **3** 29 **4** 39 **5** 3, 6, 9, 12, 15 **6** 100 **7** 6 r 1 **8** 9 r 1 **9** 15 **10** false **11** 0·70 **12** 12 **13** $\frac{56}{100}$ **14** A **15** 3

D **1** 51 **2** 71 **3** 19 **4** 29 **5** 80 **6** yes **7** 4 r 2 **8** 7 r 1 **9** 3 907 **10** yes **11** 0·73 **12** 16 **13** 0·06 **14a** bag of leaves **b** bike **c** pencil **d** feather **15** 5

Extra practice section: **a** green **b** pearl **c** 44 **d** 3 **e** 37

Unit 29 .... Page 76

A **1** 25 **2** 35 **3** 7 **4** 16 **5** 27 **6** 0 **7** 7 r 1 **8** 5 r 2 **9** 363 **10** 16 **11** 0·29 **12** 3 **13** 0·37 **14a** 1 000 **b** 500 **15a** pyramid **b** prism

B **1** 41 **2** 61 **3** 18 **4** 28 **5** yes **6** 1 × 10 **7** 5 r 3 **8** 10 r 2 **9** 15 **10** 134 **11** 0·48 **12** 9 **13** 0·58 **14a** 11:43, 17 to 12 **b** 12:09, 9 past 12 **c** 2:37, 23 to 3 **15** yes

Extra practice section: **1a** 5 **b** 4 **2a** Tuesday **b** Saturday **3a** 6th **b** 15th **c** 31st **4a** Wednesday **b** Tuesday

C **1** 31 **2** 51 **3** 29 **4** 39 **5** no **6** 6 × 3 **7** 9 r 1 **8** 6 r 1 **9** 6 hundreds **10** 171 **11** 0·53 **12** 15 **13** 0·83 **14** 30 mm **15a** octagon **b** rectangle

D **1** 51 **2** 81 **3** 19 **4** 49 **5** no **6** 48 **7** 6 r 3 **8** 10 r 1 **9** 2 406 **10** 235 **11** 0·64 **12** 21 **13** 0·5 **14a** B **b** C, A, B **15** west

Extra practice section: **a** Z **b** X **c** W **d** Y

Unit 30 .... Page 78

A **1** 26 **2** 36 **3** 6 **4** 16 **5** 32 **6** 0 **7** 9 r 1 **8** 6 r 2 **9** 484 **10** yes **11** 0·60 **12** 8 **13** 0·42 **14** 20 minutes **15** false

B **1** 41 **2** 61 **3** 17 **4** 37 **5** yes **6** 10 × 10 **7** 5 r 4 **8** 11 r 1 **9** 2 **10** 132 **11** 0·50 **12** 16 **13** 0·60 **14** 2 **15** east and west

Answers

Extra practice section:

1

×	3	6	2	9	4	7	5	8	10
2	6	12	4	18	8	14	10	16	20
4	12	24	8	36	16	28	20	32	40

2

×	6	3	7	2	10	4	8	5	9
5	30	15	35	10	50	20	40	25	45
10	60	30	70	20	100	40	80	50	90

3

×	2	6	3	8	10	4	7	5	9
3	6	18	9	24	30	12	21	15	27
6	12	36	18	48	60	24	42	30	54

4

×	5	2	7	3	8	4	9	6	10
4	20	8	28	12	32	16	36	24	40
8	40	16	56	24	64	32	72	48	80

C **1** 43 **2** 63 **3** 29 **4** 29 **5** no **6** 81 **7** 10 r 1 **8** 4 r 1 **9** 1 304 **10** true **11** 0·77 **12** 24 **13** 0·25 **14** 9 cm **15** (box labelled depth, breadth, length)

D **1** 44 **2** 74 **3** 17 **4** 37 **5** no **6** 4, 8, 12, 16, 20 **7** 9 r 1 **8** 4 r 1 **9** 2056 **10** 996 **11** $\frac{7}{10}$ **12** 10 **13** 0·75 **14** 4 **15** north-east

Extra practice section: **1a** F5 **b** B6 **c** E3 **d** D6 **2** (grid)

Unit 31 – Fun Spot! .... Page 80

1 (maze) **2** (hexagons) **3a** A **b** G **c** C **4a** D, F **b** E, B **5** teacher or parent to check **6a** C **b** A **c** E **d** B **e** F **f** D **7** (shapes), but answers may vary **8** (grid) **9** (grid) **10** teacher or parent to check

Unit 32 – Revision A .... Page 82

1a 25 **b** 8 **c** 45 **d** 25 **e** 41 **f** 37 **g** 71 **h** 47 **2a** 54 **b** 75 **c** 0 **d** 56 **3a** 7 **b** 9 **c** 5 r 1 **d** 8 **e** 9 r 1 **f** 4 r 1 **4a** 296 **b** 147 **c** no **d** 1563 **e** 1409 **f** 1035 **5a** 64 **b** 14 **c** 198 **6a** 0·43 **b** 0·59 **c** $\frac{3}{5}$ **d** $\frac{51}{100}$ **7a** 4 **b** 8 **c** 12 **d** 16 **8a** $1.40 **b** 90c **c** $2.00 **9a** 5 × 4 **b** 5 × 3 **c** 7 × 8 **d** 7 × 6 **10a** 6 tens **b** 6 hundreds **c** 6 ones **11a** 12:09, 9 past 12 **b** 10:36, 24 to 11 **12a** 4, 8, 12, 16, 20, 24 **b** 6, 12, 18, 24, 30, 36 **c** 9, 18, 27, 36, 45, 54 **13** B **14a** 0·42 **b** 0·5 **c** 0·1

Unit 32 – Revision B .... Page 83

1a 3:15, quarter past 3 **b** 7:31, 29 minutes to 8 **c** 10:09, 9 minutes past 10 **2** B **3a** four hundred and eighty-one **b** one thousand eight hundred and fourteen **c** eight hundred and forty-one **4** A, C **5** A: 3, 3, 3, triangle B: 4, 4, 4, square C: 5, 5, 5, pentagon D: 6, 6, 6, hexagon **6a** January **b** December **7** September, October, November **8a** hours **b** seconds **c** minutes **9a** prism **b** pyramid **c** prism **d** cube **e** prism **f** pyramid

A12

Unit 9 .... Page 36

A **1** 17 **2** 19 **3** 11 **4** 12 **5** 20 **6** 20 **7** 0 **8** 3 **9** 15 **10** ||||| |||| **11** 40 **12** two out of four, $\frac{2}{4}$, $\frac{1}{2}$ **13** 40c **14a** adult, child, baby **b** horse, cat, frog **15** A

B **1** 27 **2** 45 **3** 25 **4** 11 **5** $12 **6** 28 **7** 5 **8** 3 **9** 4 **10** 125 **11** C **12** $\frac{1}{8}$ **13** 50c **14** **15** true

Extra practice section: **a** 12 **b** 8 **c** 2 **d** 3 **e** 6 **f** 24 **g** 4 **h** 1

C **1** 70 **2** 80 **3** 19 **4** 21 **5** 28 **6** 20 **7** 3 **8** 5 **9** 99 **10** 3 **11** 20th, twentieth **12** 4 **13** 20c **14** 18 March **15a** C, E **b** D, F **c** A **d** E

D **1** 92 **2** 64 **3** 35 **4** 41 **5** 36 **6** 40 **7** 2 **8** 10 **9** 3 **10** 3 **11** 95 **12** one whole **13** 5c **14a** shorter **b** taller **c** taller **15** 12

Extra practice section:
a b c d e 12:45 f 2:30 g 3:15 h 11:15

Unit 10 .... Page 38

A **1** 21 smileys **2** 17 **3** 9 **4** 6 **5** 14 **6** 25 **7** 0 **8** 5 **9** 6 **10** |||| |||| || **11** 19 **12** 6 **13** 20c **14a** 4 **b** 5 **c** 3 **d** 6 **15** △

B **1** 70 **2** 700 **3** 20 **4** 200 **5** 24 **6** 36 **7** 8 **8** 2 **9** 306 **10** no **11** 1st **12** $\frac{1}{4}$ **13** 100 cents, $1 **14a** D **b** B **15** 6

Extra practice section: **a** 5 × 4 = 20 so 20 ÷ 5 = 4 **b** 4 × 5 = 20 so 20 ÷ 4 = 5 **c** 2 × 10 = 20 so 20 ÷ 2 = 10 **d** 10 × 2 = 20 so 20 ÷ 10 = 2 **e** 20 × 1 = 20 so 20 ÷ 20 = 1 **f** 1 × 20 = 20 so 20 ÷ 1 = 20

C **1** 45 **2** 69 **3** 22 **4** 7 **5** 28 **6** 35 **7** 7 **8** 5 **9** 108 **10** 4 **11** 350 **12** true **13** 20c **14** 30 **15a** sphere **b** cone **c** cylinder

D **1** 58 **2** 70 **3** 50 **4** 30 **5** 32 **6** 45 **7** 9 **8** 5 **9** 1465 **10** 4 **11** 500 **12** false **13** 50c **14** 12 cm² **15** true

Extra practice section: **1a** 3 × 2 = 6; 2 × 3 = 6; 6 ÷ 2 = 3; 6 ÷ 3 = 2; $\frac{1}{2}$ of 6 = 3 **b** 5 × 2 = 10; 2 × 5 = 10; 10 ÷ 2 = 5; 10 ÷ 5 = 2; $\frac{1}{5}$ of 10 = 2 **c** 8 × 2 = 16; 2 × 8 = 16; 16 ÷ 2 = 8; 16 ÷ 8 = 2; $\frac{1}{8}$ of 16 = 2 **d** 10 × 2 = 20; 2 × 10 = 20; 20 ÷ 2 = 10; 20 ÷ 10 = 2; $\frac{1}{10}$ of 20 = 2 **2a** 3 × 4 = 12; 4 × 3 = 12; 12 ÷ 4 = 3; 12 ÷ 3 = 4; $\frac{1}{4}$ of 12 = 3 **b** 6 × 4 = 24; 4 × 6 = 24; 24 ÷ 4 = 6; 24 ÷ 6 = 4; $\frac{1}{4}$ of 24 = 6 **c** 7 × 4 = 28; 4 × 7 = 28; 28 ÷ 4 = 7; 28 ÷ 7 = 4; $\frac{1}{4}$ of 28 = 7 **d** 9 × 4 = 36; 4 × 9 = 36; 36 ÷ 4 = 9; 36 ÷ 9 = 4; $\frac{1}{4}$ of 36 = 9

Unit 11 .... Page 40

A **1** 16 smileys **2** 11 **3** 9 **4** 9 **5** 8 **6** 8 **7** 4 **8** 2 **9** 516 **10** 12 **11** 80 **12** $\frac{2}{4}$, $\frac{1}{2}$ **13** 40c **14a** teaspoon **b** mug **c** can **15** hexagon

C

1. 45 plus 7 _____
2. 22 + 7 + 18 _____
3. 95 − 63 _____
4. 95 − 24 _____
5. 6 × 2 _____
6. 6 × ☐ = 24
7. 16 ÷ 4 _____
8. 16 shared among 4 _____
9. Write the numeral: Th H T U _____
10. 33, _____, 39, 42, 45
11. 410, 400, _____, 380, 370
12. What fraction is white? 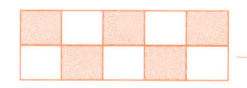
13. How many 20c coins make $1? _____
14. Hours from 9 am to 1 pm _____
15. Flip and rule, slide and rule, then flip and rule again:

D

1. 57 + 19 _____
2. 72 + 5 + 18 _____
3. 100 − 36 _____
4. 100 − 48 _____
5. 6 × ☐ = 60
6. ☐ × 10 = 100
7. 20 ÷ 4 _____
8. Groups of 5 in 20 _____
9. 3 | 9 tens | 6 ones
10. 125, 130, _____, 140, 145
11. 430, 530, 630, _____, 830
12. Quarters in 2 pizzas? _____
13. 15c + 25c + 25c _____
14. 1 cm^3 is short for 1 cubic centimetre. True/false _____
15. Draw the view of the shape from the top and front:

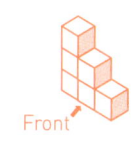

That's the same as 5 hundreds + 3 tens + 6 ones and 536.

5 | 3 tens | 6 ones

1.
a	2 × 3 = 6	3 × 2 = ___	6 ÷ 3 = ___	6 ÷ 2 = ___	$\frac{1}{2}$ of 6 = ___
b	5 × 3 = ___	3 × 5 = ___	15 ÷ 3 = ___	15 ÷ 5 = ___	$\frac{1}{5}$ of 15 = ___
c	4 × 3 = ___	3 × 4 = ___	12 ÷ 3 = ___	12 ÷ 4 = ___	$\frac{1}{4}$ of 12 = ___
d	10 × 3 = ___	3 × 10 = ___	30 ÷ 3 = ___	30 ÷ 10 = ___	$\frac{1}{10}$ of 30 = ___
e	8 × 3 = ___	3 × 8 = ___	24 ÷ 3 = ___	24 ÷ 8 = ___	$\frac{1}{8}$ of 24 = ___

2. Blinky eats 9 gum leaves every hour. How many leaves does he eat in 3 hours?

7 × 3 = 21 That means 21 ÷ 3 = 7

Excel Mental Maths Strategies Year 3 – Unit 12

Unit 13

A

1. 17 + 4 21
2. 14 plus 6 20
3. 20 subtract 12 8
4. 18 − 9 9
5. 7 × 2 14
6. 7 × 4 28
7. 25 ÷ 5 ____
8. 30 ÷ 5 ____
9. Write the numeral:
   (Th H T U abacus) ____
10. 20, 24, 28, ____, 36
11. Largest number from 4, 6, 9 ____
12. Colour $\frac{1}{5}$:
13. I saved 50c and 25c. How much now? ____
14. Hours in one day ____
15. Colour the one that has been flipped:
    a A B C D
    b A B C D

B

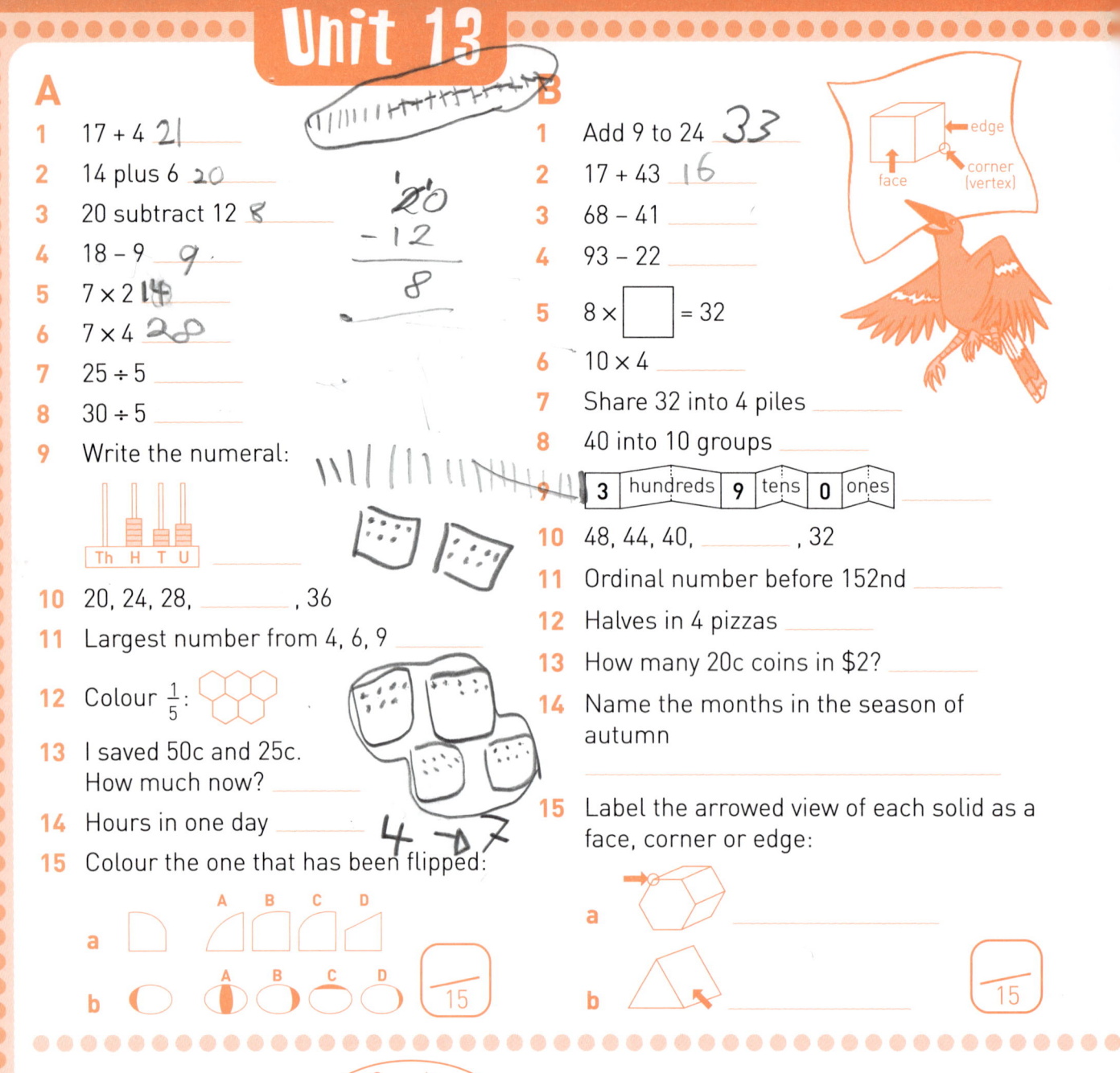

1. Add 9 to 24 33
2. 17 + 43 16
3. 68 − 41 ____
4. 93 − 22 ____
5. 8 × ☐ = 32
6. 10 × 4 ____
7. Share 32 into 4 piles ____
8. 40 into 10 groups ____
9. | 3 hundreds | 9 tens | 0 ones |
10. 48, 44, 40, ____, 32
11. Ordinal number before 152nd ____
12. Halves in 4 pizzas ____
13. How many 20c coins in $2? ____
14. Name the months in the season of autumn ____
15. Label the arrowed view of each solid as a face, corner or edge:
    a ____
    b ____

Capacity measures the amount a container can hold.

Bill collected many different sized containers.
He used a one-litre container to check the capacity of each.
Colour the containers that might hold:
a about 1 litre, green
b more than 1 litre, yellow
c less than 1 litre, blue

A B C D E F G H I J K

C

1. 46 + ☐ = 56
2. 14 and 66 more _____
3. 100 − 45 _____
4. 100 − 65 _____
5. Wheels on 9 cars _____
6. 7 × ☐ = 28
7. Divide 25 by 5 _____
8. 40 ÷ ☐ = 4
9. | 5 | 0 tens | 1 ones | _____
10. 48, 45, 42, _____, 36
11. Ordinal number after 321st _____
12. Is $\frac{1}{10}$ less than $\frac{1}{5}$? _____
13. I saved $1 and 85c. How much now? _____
14. Hours from 7 am to noon _____
15. Order the angles from smallest to largest: _____

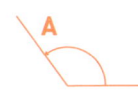

D

1. 75 + ☐ = 82
2. Fifty plus forty _____
3. 100 − ☐ = 45
4. 100 − ☐ = 65
5. Seven groups of zero _____
6. Multiply 8 by 4 _____
7. Share 36 among 3 _____
8. Divide 28 by 4 _____
9. In numerals: six hundred and one _____
10. 537, 539, _____, 543, 545
11. Ordinal number after 570th _____
12. Is 1 equal to $\frac{9}{10}$? _____
13. How many 5c coins make 50c? _____
14. 1 cm² is short for 1 square centimetre. True/false _____
15. Which of these nets would fold to make a cube: _____

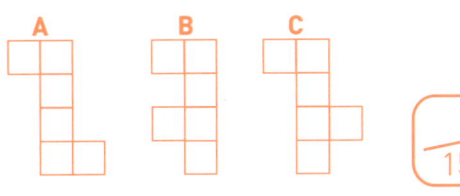

This is the net of a cube.

Sketch and label these 3-dimensional objects as a prism or a pyramid:

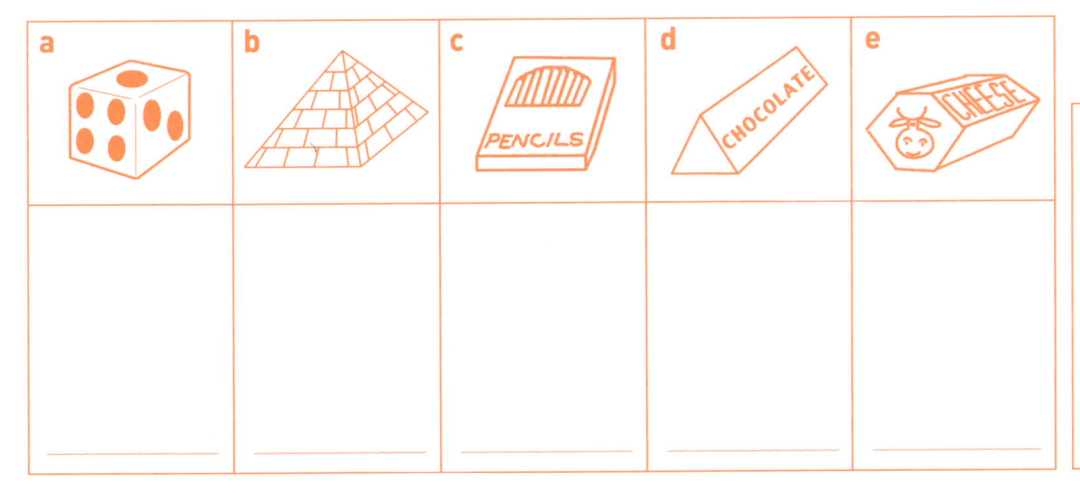

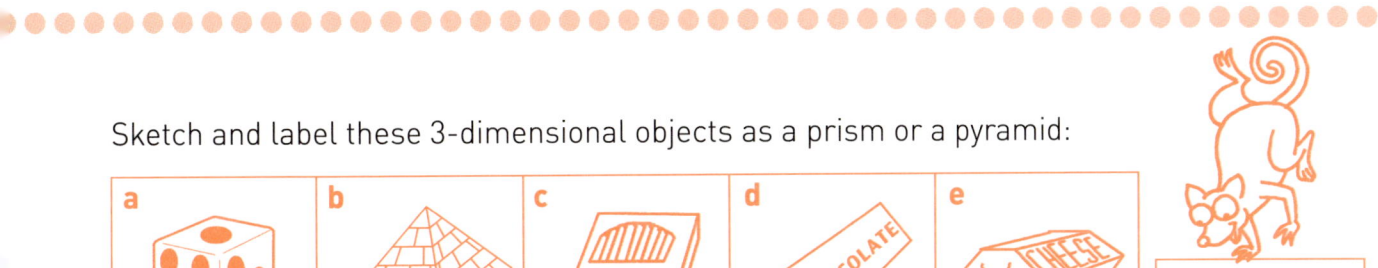

a	b	c	d	e
(dice)	(pyramid)	(PENCILS box)	(CHOCOLATE)	(CHEESE)

Prisms have 2 bases that are the same shape and size. The other faces are rectangles. Pyramids have 1 base and all the other faces are triangles that meet at a point (apex).

Excel Mental Maths Strategies Year 3 – Unit 13

Unit 14

A

1. 18 + 6 _____
2. Sum of 9 and 11 _____
3. 20 − 14 _____
4. 19 − 12 _____
5. 9 groups of 4 _____
6. 8 × 4 _____
7. 40 ÷ 10 _____
8. 80 in groups of 10 _____
9. Is 18 larger than 81? _____
10. 3, 6, 9, _____, 15
11. 99, 89, _____, 69, 59
12. What fraction is coloured?

13. 20c + 50c + 5c _____
14. Short form for kilograms _____
15. On these shapes:

    A B C D E F

    a tick the cylinders
    b cross the spheres
    c circle the cones

B

On an angle, the corner is also called the vertex.

1. Sum of 26 and 54 _____
2. 18 and 44 _____
3. 75 − 24 _____
4. 87 − 35 _____
5. Sides on 4 squares _____
6. ☐ × 4 = 28
7. Divide 36 by 4 _____
8. 36 ÷ ☐ = 9
9. Circle the smallest: 451, 145, 514
10. 30, 27, _____, 21, 18
11. 257, 267, _____, 287, 297
12. Are these fractions equal?

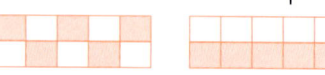

13. 50c + 50c + 25c _____
14. What is the length: _____

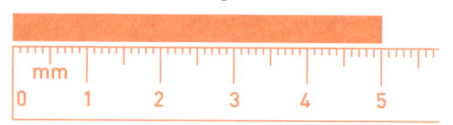

    mm 0 1 2 3 4 5

15. Label the angle: arms, angle, vertex

Trapeziums and parallelograms are 4-sided shapes.

A trapezium has 1 pair of opposite sides parallel.

A parallelogram has 2 pairs of opposite sides parallel.

1. a Pattern each parallelogram.
   b Colour each trapezium.

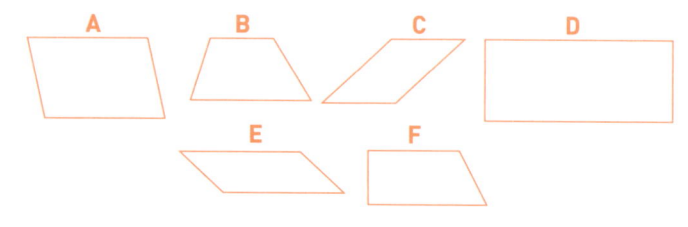

   A B C D
   E F

2. Parallel lines are always the same distance apart. True/false _____

3. A _____-sided shape is called a quadrilateral.

Excel Mental Maths Strategies Year 3 – Unit 14

C

1. 65 + ☐ = 71
2. Total 7, 14 and 33 _____
3. 25 − 19 _____
4. 25 − 16 _____
5. Sides on 6 triangles _____
6. Product of 7 and 3 _____
7. Groups of 3 in 15? _____
8. ☐ ÷ 4 = 7
9. Circle the largest: 691, 196, 619
10. 36, 33, 30, _____, 24
11. 317, 307, _____, 287, 277
12. Is $\frac{2}{2}$ equal to 1? _____
13. Thirty cents less two 10c coins _____
14. Complete each label:

    a. 5: ___ past 5
    b. ___ : ___ to
    c. 9: ___ past 9

15. All faces on a prism are triangles. True/false _____

    /15

D

1. 31 + 30 _____
2. 42 + 41 _____
3. 32 − 18 _____
4. 41 − 19 _____
5. 7 × 3 _____
6. 8 × ☐ = 80
7. 15 sides. How many triangles? _____
8. 27 ÷ 3 _____
9. In words: 748 _____
10. 360, 330, _____, 270, 240
11. 583, 593, _____, 613, 623
12. $\frac{5}{5}$ = 1 True/false _____
13. I save $2 each week. How much in 3 weeks? _____
14. Monday is 10th April. Date of next Sunday _____
15. Record the number of:

	A	B
Corners		
Edges		
Faces		

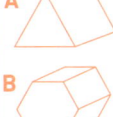

/15

20 + 19 is almost double 20.

---

7 × 6 = 42 That means 42 ÷ 6 = 7

And $\frac{1}{6}$ of 42 = 7

1.
a	4 × 6 = 24	6 × 4 = _____	24 ÷ 6 = _____	24 ÷ 4 = _____	$\frac{1}{4}$ of 24 = _____
b	5 × 6 = _____	6 × 5 = _____	30 ÷ 6 = _____	30 ÷ 5 = _____	$\frac{1}{5}$ of 30 = _____
c	8 × 6 = _____	6 × 8 = _____	48 ÷ 6 = _____	48 ÷ 8 = _____	$\frac{1}{8}$ of 48 = _____
d	10 × 6 = _____	6 × 10 = _____	60 ÷ 6 = _____	60 ÷ 10 = _____	$\frac{1}{10}$ of 60 = _____

2. How many faces on 9 cubes? _____

Excel Mental Maths Strategies Year 3 – Unit 14

Unit 15 Fun Spot!

1 The art and craft show opened at 10:15.
It lasted 4 hours.
Which clock shows the time it finished?
Colour it in.

A 11:15

B 2:15

C 4:15

2 Kim bought a single icecream for mum and a double for himself.
How much did he spend?
- A $1.50
- B $1.70
- C $1.90
- D $2.00

Single 70c
Double $1.20

3 Jill made a rabbit from 7 pieces of paper cut from a square.
Colour in the 2 pieces in the square that made the ears.

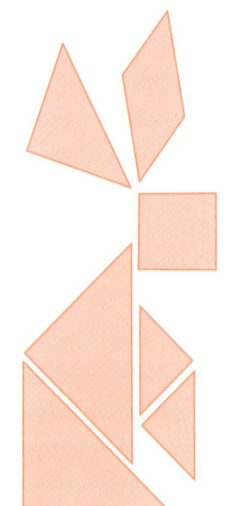

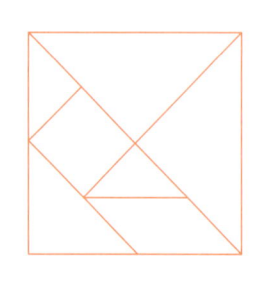

4 Make this modern picture symmetrical.

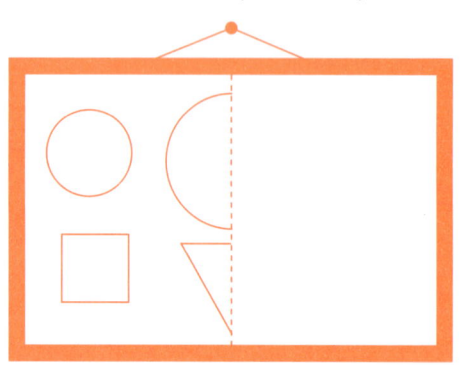

5 It was $1.75 to enter the show. Claire used four coins. Colour the coins she used.

6 The school has 100 tickets for the show. 40 are sold. How many are left?
- A 20
- B 40
- C 60
- D 70

7 3B painted pictures of their dads. Whose painting needed the most paper?

A BILL'S DAD

B SUE'S DAD

C CASSIE'S DAD

Excel Mental Maths Strategies Year 3 – Unit 15

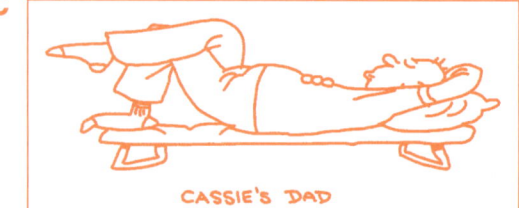

8 Colby made this pattern.
What shape did she use?

A square
B pentagon
C triangle
D rectangle

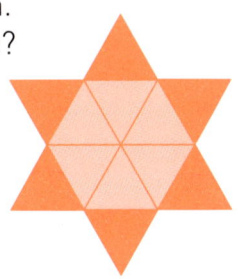

9 How many times is the shape used in the pattern above?

A 6 B 7
C 12 D 15

10 Pencils were sold in boxes of 20.
Colour in enough boxes and single pencils to show 84 pencils.

11 Lisa made a pattern from squares and shaded 6 of them.

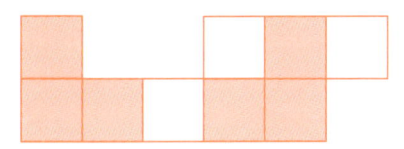

What fraction of the squares has been shaded?

A 9 out of 6 B 3 out of 6
C 6 out of 3 D 6 out of 9

12 Dave made a fan.
How many fold lines in the paper?

A 4
B 12
C 13
D 14

13 In 10 years time, an old painting will be 100 years old.
How old is the painting now?

A 10 years
B 90 years
C 100 years
D 110 years

14 Dan wants to put these chairs into 3 equal groups.
Circle enough chairs to show one of the groups.

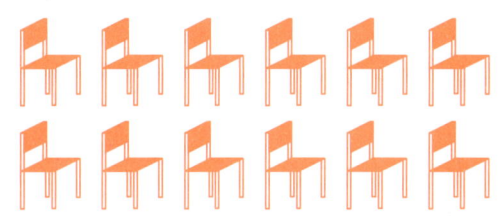

15 Sam built this model.
What would he see looking straight down on it?

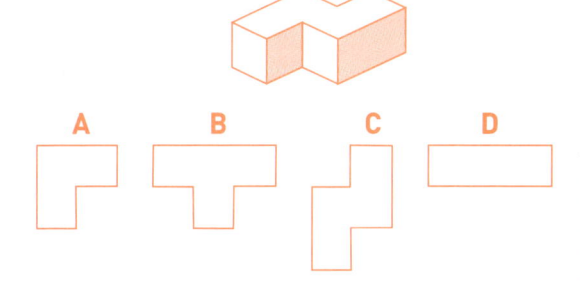

A   B   C   D

16 The art and craft show raised $214.
Alli wrote $214 in wordds.
Which words did she write?

A two hundred and forty dollars
B two hundred and four dollars
C two hundred and forty-one dollars
D two hundred and fourteen dollars

Unit 16 Revision A

1
a 2 + 3 _____
b 17 + 9 _____
c 9 – 5 _____
d 11 – 4 _____
e 36 + 24 _____
f 63 + ☐ = 72
g 20 – 14 _____
h 38 – 19 _____

2
a 6 × 5 _____
b 9 × 2 _____
c 7 × 10 _____
d 6 × 4 _____
e 9 × 4 _____
f 8 × 3 _____
g 7 × 3 _____
h 10 × 10 _____

3 Circle the odd numbers:
3, 52, 77, 281, 136

4 Place value of 7 in:
a 17 _____
b 276 _____
c 756 _____

5 What number is:
a 5 tens and 2 ones _____
b 64 tens and 4 ones _____
c 2 hundreds and 5 ones _____

6 What number comes:
a after 49 _____
b before 90 _____
c 5 after 505 _____
d 2 before 277 _____

7 The cost of:
a 5 ten-cent rulers _____
b 4 twenty-cent pens _____

8 How many edges does each solid have?
a _____
b _____
c _____

9 How many:
a legs on 5 cats _____
b toes on 4 girls _____
c ears on 6 dogs _____

10 What fraction is shaded?
a _____ eighths
b _____ fifths
c _____
d _____

11 Write in words:
a 4 _____
b 14 _____
c 40 _____
d 344 _____

12
a Sum of 8 and 22 _____
b 5 and 35 more _____
c 2 rows of 4 dogs _____
d 4 piles of 5 books _____
e 3 groups of 4 fish _____

Revision B

Answers on pages A6–A7

1 Write the even numbers between:
   a 136 and 146 _____
   b 271 and 281 _____

2 Write the odd numbers between:
   a 324 and 334 _____
   b 252 and 262 _____

3 Write the number that is:
   a 3 tens _____
   b 7 tens and 3 ones _____
   c 5 hundreds, 4 tens, 9 ones _____
   d 78 tens and 2 ones _____

4 Show the times on each face:
   a  11 o'clock
   b  4:15
   c 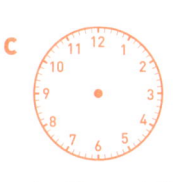 half past 9

5 Show the times:
   a  two forty-five
   b  ten fifteen
   c 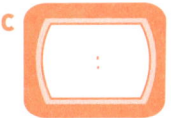 two thirty

6 Colour the model with the smallest volume:
   A   B   C   D

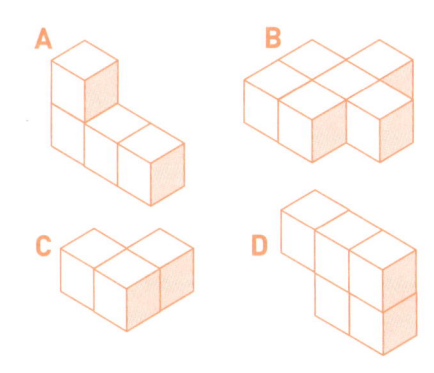

7 Draw the front and top views:

Solid	Front	Top
a 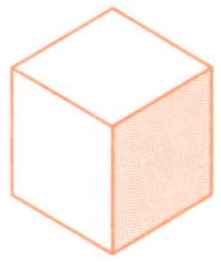		
b 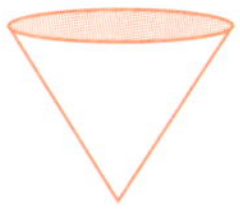		

8 Share:
   a 6 pens between 2 girls _____
   b 16 rulers between 4 boys _____
   c 10 books into 2 piles _____
   d 12 marbles into 4 bags _____

9 Match the times:
   a 7:30   45 minutes past 1
   b 10:15   seven thirty
   c 1:45   15 minutes past 10

10 Record the area:

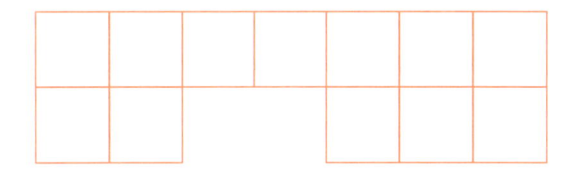

_____ cm^2

11 Which set of faces will make a prism?
   A 
   B

Unit 17

A

1. 19 + 9 _____
2. 7 more than 12 _____
3. 20 − 17 _____
4. 25 less 4 _____
5. 10 groups of 4 _____
6. 8 × 10 _____
7. 35 ÷ 5 _____
8. 35 ÷ 7 _____
9. Is 31 smaller than 13? _____
10. 57, 67, _____, 87, 97
11. 93, 98, 103, _____, 113
12. Colour $\frac{7}{10}$:

    [grid of 10 squares]

13. 50c − 35c _____
14. _____ centimetres in 1 metre
15. The capital letter E has 3 parallel lines. List all the other capital letters that have parallel lines.

    _____

B

These show one half. — $\frac{1}{2}$, $\frac{2}{4}$, $\frac{4}{8}$

1. 24 + 0 + 16 _____
2. 64 + ☐ = 90
3. 93 − 42 _____
4. 87 minus 34 _____
5. 3 × 8 = 38 True/false _____
6. ☐ × 5 = 35
7. 30 ÷ ☐ = 10
8. 27 shared among 3 _____
9. Tens in 300 _____
10. 91, 101, _____, 121, 131
11. 147, 152, _____, 162, 167
12. $\frac{1}{2}$ equals $\frac{2}{4}$. True/false _____
13. 75c minus 50c _____
14. a [clock]   b [clock]   c [clock]

    to   past   to

    __:__   __:__   __:__

15. Parallel lines are always the same distance apart. True/false _____

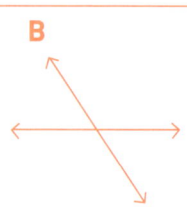

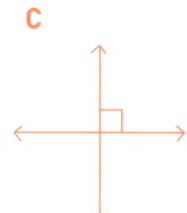

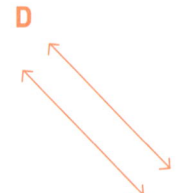

A	B	C	D	E
[two parallel arrows]	[two crossing arrows]	[perpendicular arrows with right angle]	[two parallel diagonal arrows]	[two crossing arrows with right angle]

1. Which groups of lines are parallel?

   _____

2. Which groups of lines are perpendicular?

   _____

3. Rule another line parallel to the lines in A.

4. Rule a perpendicular to the lines in D.

Perpendicular lines are straight and meet at right angles. Parallel lines are straight, the same distance apart, and do not meet.

Excel Mental Maths Strategies Year 3 – Unit 17

Answers on page A7

C

1. 67 + ☐ = 73
2. Total 5, 16 and 35 _____
3. 30 – 14 _____
4. 30 – 18 _____
5. 8 × 3 _____
6. Toes on 3 men _____
7. 15 ÷ 3 _____
8. Groups of 3 in 24 _____
9. Circle the smallest: 372, 732, 327
10. 286, 291, 296, _____, 306
11. 210, 240, _____, 300, 330
12. Is $\frac{2}{4}$ equal to $\frac{1}{2}$? _____
13. One dollar less 75 cents _____
14. Tick the items that have a mass of less than 1 kilogram:

    A B C D

15. How many angles in a pentagon? _____

    /15

D

1. Add 13, 12 and 37 _____
2. 16 + 15 + 14 _____
3. 35 – 17 _____
4. 42 – 26 _____
5. ☐ × 3 = 21
6. 9 × ☐ = 27
7. 30 ÷ ☐ = 3
8. 27 ÷ 3 _____
9. In words: 957 _____
10. 493, 498, _____, 508, 513
11. 522, 517, 512, _____, 502
12. $\frac{2}{4}$ equals $\frac{3}{8}$. True/false _____
13. Share 10 dollars among 5 _____
14.
    A B (10L) C (1L)

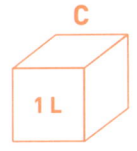

    a. How many times can the 1 litre cube be filled from the bucket? _____
    b. How many full juice bottles can be tipped into the bucket? _____
15. A cube has _____ corners.

    /15

$\frac{5}{10}$ and $\frac{1}{2}$ show one half. They are equal.

100 cm = 1 m
10 mm = 1 cm

Write the lengths in the correct list:

Millimetres	Centimetres	Metres

an eraser
your ruler
height of your friend
an ant
your little finger
a metre stick

one stride
a duster
length of the blackboard
a pencil line
width of your classroom
a stick of chalk

height of the door
your arm
around your head
a pin
an emu chick
thickness of one hair

Excel Mental Maths Strategies Year 3 – Unit 17   53

Unit 18

A

1. 3 and 17 more _____
2. 8 + 3 + 2 _____
3. Ten less than twenty-six _____
4. 20 – 16 _____
5. Double 10 _____
6. 9 × 4 _____
7. Half of 16 _____
8. 16 ÷ ☐ = 4
9. 5 tens + 4 ones _____
10. 59, 49, _____, 29, 19
11. 66, 68, _____, 72, 74
12. Are these fractions equal?
13. 50c – 15c _____
14. Record the area:

    _____ cm²
15. How many angles in a hexagon? _____

B

1. 33 + 5 + 17 _____
2. ☐ + 72 = 90
3. 32 – ☐ = 16
4. 96 – 75 _____
5. 2 × 6 _____
6. 5 × ☐ = 30
7. 60 ÷ 6 _____
8. 6s in 36 _____
9. Tens in 651 _____
10. 28, 32, _____, 40, 44
11. 60, 64, 68, _____, 76
12. Colour $\frac{1}{2}$ of the parallelogram:
13. $1 – 65c _____
14. Centimetres in 2 metres _____
15. Draw these lines on the grid:
    top, right — perpendicular
    bottom, left — parallel
    middle, left — zigzag
    top, middle — broken
    bottom, right — wavy

Length:
100 cm = 1m
10 mm = 1 cm

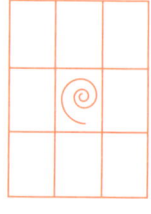

---

1. Complete the numeral expanders:

    a   1539

    b   1307

2. Write these in words:

    a   256 _____
    b   1348 _____
    c   1529 _____

These all mean 1520.

Excel Mental Maths Strategies Year 3 – Unit 18

C

1. 41 + 8 + 19 _____
2. 36 + ☐ = 90
3. 35 − 13 _____
4. 35 − 24 _____
5. 4 × 6 _____
6. ☐ × 6 = 48
7. 54 ÷ 6 _____
8. Divide 6 into 18 _____
9. Circle the largest: 381, 318, 183
10. 317, 312, 307, _____, 297
11. 493, 488, _____, 478, 473
12. Colour $\frac{3}{4}$ of the shape:
13. Share $15 among 5 _____
14. a 6: _____ past
    b 8: _____ to
    c 8: _____ past
15. Which capital letters have perpendicular lines? _____

We use grams to measure parts of a kilogram. 1000 g = 1 kg

D

1. Total 14, 24 and 16 _____
2. 12 + 13 + 18 _____
3. 37 − 28 _____
4. 43 − 34 _____
5. ☐ × 6 = 54
6. 6 × ☐ = 36
7. 42 ÷ 6 _____
8. 48 divided by 6 _____
9. Circle the smallest: 2 417, 2 147, 2 471
10. 420, 480, _____, 600, 660
11. 264, 268, _____, 276, 280
12. Colour $\frac{1}{4}$ of the rectangle:
13. How many 10c coins in $1.50? _____
14. (150g cheese, JAM 500g, apple 200g, BISCUITS 200g)
    Total mass of:
    a cheese and apple _____
    b jam, biscuits and cheese _____
    c 4 apples and cheese _____
15. Parallel lines meet at a right angle. True/false _____

---

1. Use newspaper, tape and a metre stick to make a square metre.
   Use your square metre to measure things in your room.
   Write the things in the correct list.

less than 1 square metre	about 1 square metre	more than 1 square metre

A square where each side is 1 metre is a square metre. The short form of square metre is m^2.

2. Cut and rejoin your square into a different shape.
   Does it still cover one square metre? _____

Unit 19

A

1. 14 plus 6 _____
2. 3 + 4 + 6 _____
3. 20 – 18 _____
4. 24 minus 12 _____
5. 8 × 3 _____
6. 6 rows of 4 _____
7. 24 ÷ 3 _____
8. 24 ÷ 4 _____
9. | 3 | tens | 0 | ones | _____
10. 10 × ☐ = 5 × 6
11. 95, 85, _____, 65, 55
12. Colour one half: 
13. 50c – 25c _____
14. A Base 10 short is 1 cm^3. Volume in each model:
    a _____ cm^3
    b _____ cm^3
    c _____ cm^3
15. A cube has _____ faces.

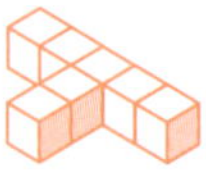

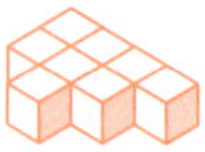

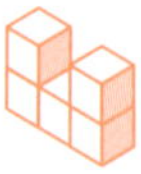

B

Square centimetres can be written as cm^2.

1. 11 + 5 + 29 _____
2. 36 + ☐ = 90
3. 35 – 14 _____
4. 95 – ☐ = 43
5. 3 × 6 _____
6. ☐ × 6 = 30
7. 36 ÷ 6 _____
8. 42 ÷ ☐ = 7
9. Show 1 506:
   | thousands | hundreds | tens | ones |
10. 3 × 6 = ☐ × 2
11. 312, 317, 322, _____, 332
12. Tick the larger fraction: $\frac{3}{4}$ or $\frac{1}{4}$
13. $5 + $1.50 _____
14. Short form of six square centimetres _____
15. Continue the pattern by flipping tiles to the right:

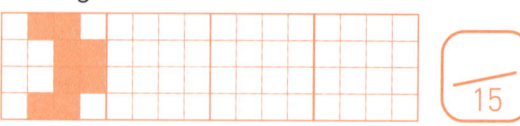

The cross-section of an orange is a circle.

Name the shape of each cross-section:

1. 
2. 
3. paint
4. 
5. 
6. 
7. 
8.

C

1. 19 plus 29 _____
2. 24 + ☐ = 90
3. 38 − 24 _____
4. 95 − ☐ = 51
5. 9 × ☐ = 54
6. 2 × ☐ = 12
7. Divide 6 into 60 _____
8. 48 ÷ 6 _____
9. Show 1 063: ☐ hundreds ☐ tens ☐ ones
10. 3 × ☐ = 2 × 6
11. 339, 342, 345, 348, _____
12. Tick the smaller fraction: $\frac{3}{10}$ or $\frac{6}{10}$
13. $7 + $2 + $1.50 _____
14. Millimetres in 3 centimetres _____
15. Match each object to its top, front and side views:

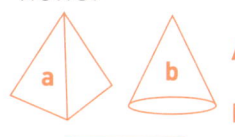

There are 100 cents in one dollar.

D

1. 47 + 14 + 23 _____
2. 79 + 81 _____
3. 47 − 24 _____
4. 47 − 16 _____
5. 3 × ☐ = 18
6. Sides on 6 hexagons _____
7. ☐ ÷ 6 = 8
8. 18 ÷ ☐ = 3
9. Show 1 409: ☐ ☐ tens ones
10. 10 × 3 = 5 × ☐
11. 660, 666, _____, 678
12. $\frac{1}{4}$, $\frac{2}{4}$, _____, _____
13. Cents in five dollars _____
14. Complete the labels:

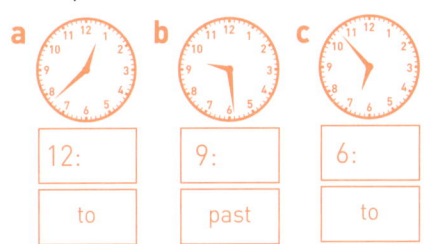

   a 12: ___ to
   b 9: ___ past
   c 6: ___ to

15. Some faces on a pyramid are triangles. True/false _____

1.
   a 4 × 8 = ___   8 × 4 = ___   32 ÷ 8 = ___   32 ÷ 4 = ___ $\frac{1}{4}$ of 32 = ___
   b 6 × 8 = ___   8 × 6 = ___   48 ÷ 8 = ___   48 ÷ 6 = ___ $\frac{1}{8}$ of 48 = ___
   c 7 × 8 = ___   8 × 7 = ___   56 ÷ 8 = ___   56 ÷ 7 = ___ $\frac{1}{8}$ of 56 = ___
   d 5 × 8 = ___   8 × 5 = ___   40 ÷ 8 = ___   40 ÷ 5 = ___ $\frac{1}{5}$ of 40 = ___
   e 9 × 8 = ___   8 × 9 = ___   72 ÷ 8 = ___   72 ÷ 9 = ___ $\frac{1}{8}$ of 72 = ___

2. How many legs on 3 octopuses? _____
3. Pattern these shapes:

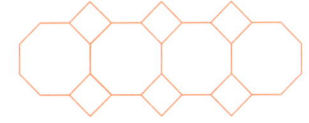

Multiplication and division are linked.

Excel Mental Maths Strategies Year 3 – Unit 19

Unit 20

A

1. 2 + 7 + 8 _____
2. 12 + 5 + 8 _____
3. 25 – 14 _____
4. 24 take away 13 _____
5. 7 × 3 _____
6. 8 groups of 4 _____
7. 21 ÷ 3 _____
8. 32 ÷ 4 _____
9. | 7 tens | 2 ones | _____
10. 6 × 3 = 9 × ☐
11. 95, 100, _____, 110, 115
12. Colour 19 out of 100: 
13. 50c + 15c + 5c _____
14. Circle the containers that hold more than 1 litre:
    A B C D E 
15. A cube has _____ edges.

/15

B

A square corner is called a right angle.

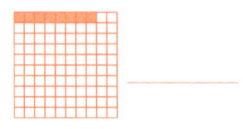

1. 14 + 7 + 36 _____
2. 43 + ☐ = 90
3. 38 – 23 _____
4. 95 – ☐ = 42
5. 5 × 8 _____
6. 8 × 8 _____
7. 16 ÷ 8 _____
8. 24 ÷ 8 _____
9. Show 856: | hundreds | tens | ones |
10. 5 × 6 = ☐ × 3
11. 252, 258, _____, 270, 276
12. What fraction is coloured?
13. $10 + $5 + $1.50 _____
14. 5 centimetres as millimetres _____
15. Use a square corner to check and tick the right angles:
    A   B   C

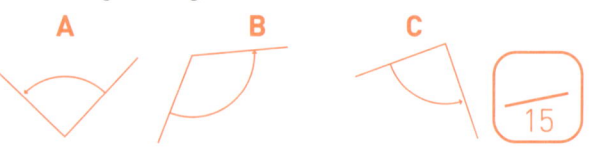

/15

---

1. For each hundred square, write the fraction for the shaded part:

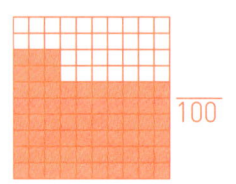

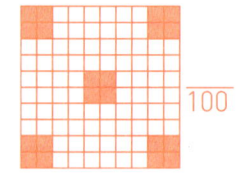

   a _____ out of 100   /100
   b _____ out of 100   /100
   c _____ out of 100   /100
   d _____ out of 100   /100

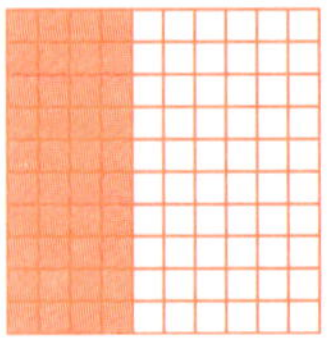

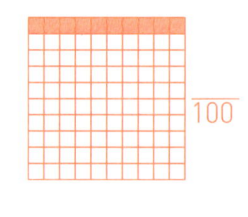

2. For each hundred square, shade and label the fraction given:

   a /100 — 17 hundredths
   b /100 — 20 hundredths
   c /100 — 42 hundredths
   d /100 — 70 hundredths

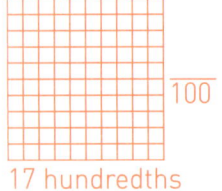

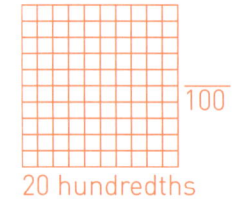

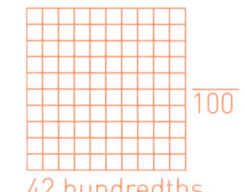

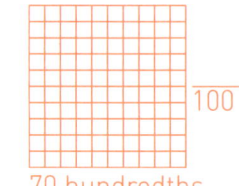

C

1. 18 + 6 + 32 _____
2. ☐ + 47 = 90
3. 39 − ☐ = 23
4. 97 − 24 _____
5. 7 × 8 _____
6. 3 × ☐ = 24
7. 32 ÷ 8 _____
8. 48 ÷ ☐ = 6
9. Show 1 826:

   | thousands | hundreds | tens | ones |

10. 6 × 6 = ☐ × 4
11. 344, _____, 360, 368
12. What fraction is coloured? 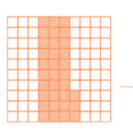
13. $12 + $8 + $2.50 _____
14. Circle items with an area more than 1 m²:

    A your handprint B the playground

    C a tissue D the classroom door
15. A 4-sided shape is called a quadrilateral. True/false _____   /15

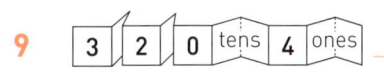

My ruler measures from the very end.

D

1. 46 + 24 _____
2. 34 + 56 _____
3. 48 − 25 _____
4. 49 − 29 _____
5. 9 × 8 _____
6. ☐ × 8 = 48
7. 64 ÷ ☐ = 8
8. 72 ÷ 8 _____
9. | 3 | 2 | 0 tens | 4 ones | _____
10. 8 × ☐ = 6 × 4
11. 398, 390, _____, 374, 366
12. Shade 42 out of 100: 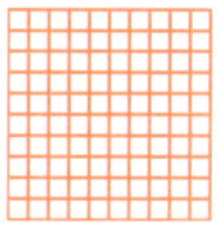
13. 15 lollies at 10c each _____
14. Measure in millimetres: _____ mm 
15. Is a parallelogram a quadrilateral? _____   /15

Mine doesn't.

Trapeze artists swing on a trapezium.

---

1. A trapezium is a 4-sided shape that has 1 pair of parallel lines. Join the dots to complete each trapezium:

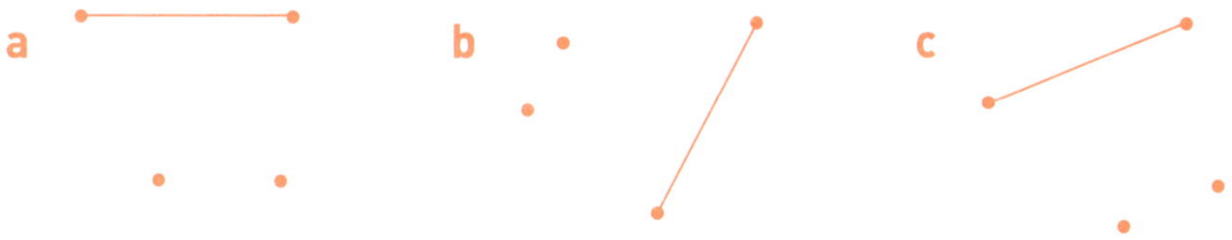

   a   b   c

2. A parallelogram is a 4-sided shape that has 2 pairs of parallel lines. Which shapes are parallelograms? _____

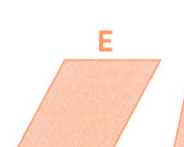

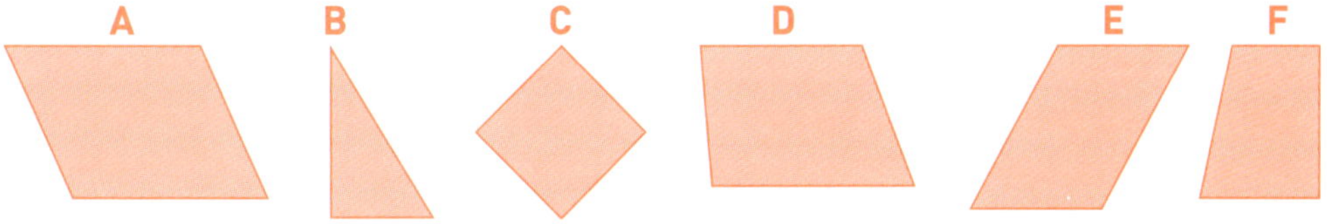

   A   B   C   D   E   F

Unit 21

A

1. 7 + 5 + 3 _____
2. 18 + 4 + 2 _____
3. 25 minus 11 _____
4. 26 − 12 _____
5. 4 × 6 _____
6. 2 × ☐ = 12
7. How many 6s in 18? _____
8. 24 ÷ ☐ = 8
9. 100 + 60 + 5 _____
10. 4 × 4 = 2 × ☐
11. 135, 130, 125, _____, 115
12. Shade 32 out of 100: 
13. Ten 20c coins. How much? _____
14. Grams in 1 kilogram _____
15. What shape can be made from this net?

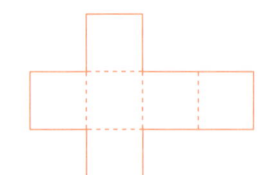

B

1. Add 12, 15 and 28 _____
2. ☐ + 32 = 90
3. 40 − 18 _____
4. 37 − 9 _____
5. 6 × 8 _____
6. 7 × ☐ = 56
7. 48 divided by 6 _____
8. 64 ÷ 8 _____
9. 1000 + 200 + 60 + 3 _____
10. 4 × 6 = ☐ × 8
11. 133, 128, 123, _____, 113
12. Shade 53 out of 100: 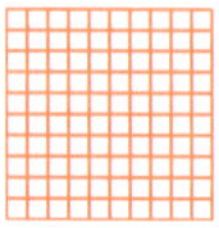
13. 125c in dollars and cents _____
14. Does 1 teaspoon hold 1 litre? _____
15. Draw the mirror image along the line of symmetry:
    a    b

Both parts match when you fold a shape along a line of symmetry.

1. A multiple of 2 is found when 2 is multiplied by a counting number. Find the multiples:

   2   4   6   ___   ___   ___   ___

2. A multiple of 3 is found when 3 is multiplied by a counting number. Find the multiples:

3. A multiple of 4 is found when 4 is multiplied by a counting number. Find the multiples:

Excel Mental Maths Strategies Year 3 – Unit 21

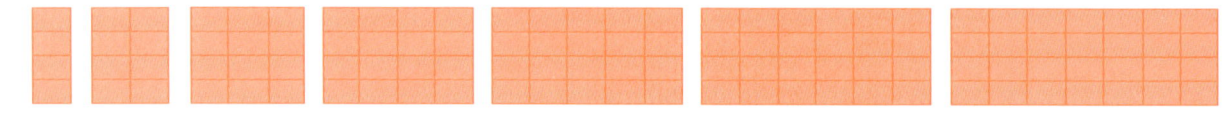

C

1. 33 + 15 + 27 _____
2. 57 + ☐ = 90
3. 39 − ☐ = 17
4. 98 − 64 _____
5. 4 × ☐ = 32
6. ☐ × 8 = 72
7. 56 divided by 8 _____
8. 72 ÷ ☐ = 9
9. Show 307: ☐ hundreds ☐ tens ☐ ones
10. 3 × 10 = ☐ × 6
11. 456, 452, _____, 444, 440
12. Shade 50 out of 100: 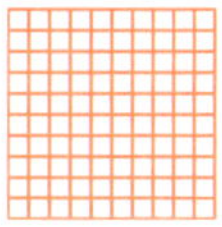
13. 150c in dollars and cents _____
14. Which model has the greatest volume? _____ 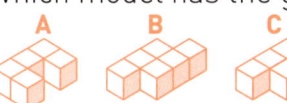
    A B C
15. Draw the next shape:
    ⊕ ⊗ ⊕ ⊗ ⊕ _____

/15

D

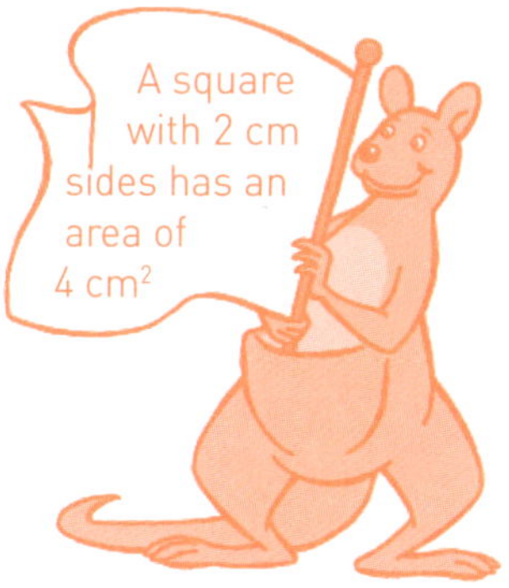

1. 26 + 15 _____
2. 37 + 19 _____
3. 42 − 31 _____
4. 98 − 57 _____
5. 8 × 8 _____
6. 6 × 6 _____
7. How many eights in 80? _____
8. 40 ÷ 8 _____
9. 1000 + 30 _____
10. ☐ × 6 = 9 × 4
11. $\frac{1}{2}$, 1, $1\frac{1}{2}$, _____, $2\frac{1}{2}$
12. Circle the larger fraction: A B
13. 10 lollies at 20c each _____
14. Area of a square with 3 cm sides _____
15. Label each set of views as a pyramid or prism: 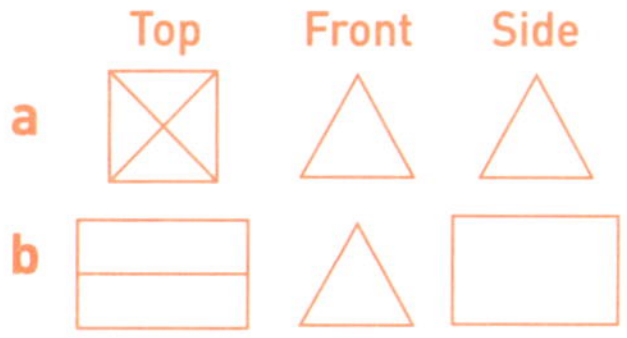
    Top Front Side
    a
    b

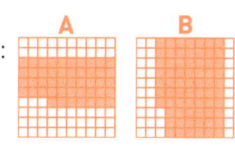

A square with 2 cm sides has an area of 4 cm^2

/15

Q W E R T Y U I O P
A S D F G H J K L
Z X C V B N M

When a person holds out their left thumb they can see L for left.

1. Look at the computer keyboard. Write the letter:
   a 3rd from the left in the bottom row _____
   b 9th from the left in the middle row _____
   c 3rd from the left in the top row _____
   d in the middle of the bottom row _____
   e to the left of R _____
   f to the left of T _____

2. What is the position of:
   a K: to the left of _____
   b I: to the left of _____
   c D: to the left of _____
   d S: to the left of _____

Excel Mental Maths Strategies Year 3 – Unit 21

61

Unit 22

A

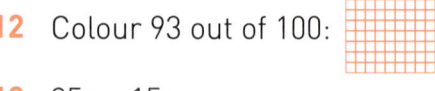

1. 10 + 24 _____
2. 25 + 8 + 5 _____
3. 25 − 12 _____
4. 26 − 14 _____
5. 9 × 3 _____
6. 5 times 6 _____
7. How many 3s in 24? _____
8. 30 ÷ 10 _____
9. Number 10 more than 48 _____
10. 8, 16, 24, _____, 40
11. 126, 128, _____, 132, 134
12. Colour 93 out of 100:
13. 35c + 15c _____
14. Complete each face:
    a six eleven
    b ten forty-six
    c nine fifty-one
15. A cube has _____ corners.

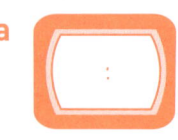

B

1. 25 + 27 _____
2. 32 + 19 _____
3. 40 − 16 _____
4. 43 − 6 _____
5. 6 × ☐ = 48
6. 9 × 8 _____
7. 27 ÷ 3 _____
8. How many 8s in 40? _____
9. Is 461 less than 416? _____
10. 56, 48, _____, 32, 24
11. $\frac{1}{4}$, $\frac{2}{4}$, _____, $\frac{4}{4}$
12. Tick the smaller fraction: 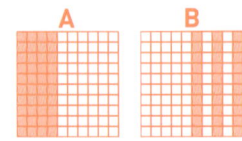
    A   B
13. Five 50c coins _____
14. Which have a mass less than 1 kilogram:
    A a brick   B your teacher
    C a nail _____   D a matchbox _____
15. Are these lines parallel?

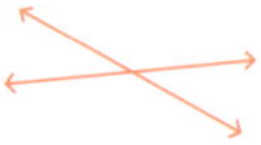

We use grams to measure things that are not very heavy. 1000 g = 1 kg

---

1. In each hundred square, what fraction is shaded?
   a $\frac{\_\_\_}{100}$ _____ hundredths
   b $\frac{\_\_\_}{100}$ _____ hundredths
   c $\frac{\_\_\_}{100}$ _____ hundredths
   d $\frac{\_\_\_}{100}$ _____ hundredths

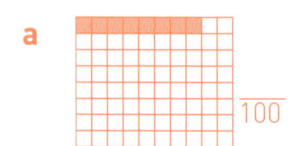

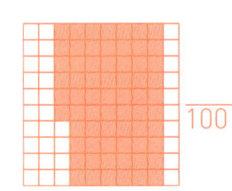

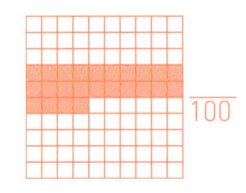

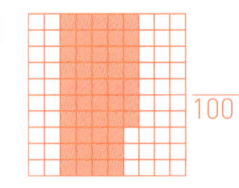

2. In each hundred square, shade the fraction given.
   a $\frac{\_\_\_}{100}$ 56 hundredths
   b $\frac{\_\_\_}{100}$ 63 hundredths
   c $\frac{\_\_\_}{100}$ 4 hundredths
   d $\frac{\_\_\_}{100}$ 40 hundredths

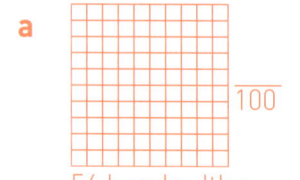

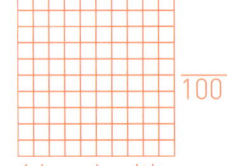

C

1. 25 + 30 + 25 _____
2. 15 + 14 + 35 _____
3. 39 − 17 _____
4. 97 − ☐ = 30
5. ☐ × 8 = 72
6. 8 × ☐ = 64
7. 48 divided by 8 _____
8. 80 ÷ ☐ = 10
9. Number 100 more than 524 _____
10. 40, 48, _____, 64, 72
11. 550, _____, 560, 565, 570
12. Which is larger, $\frac{17}{100}$ or $\frac{27}{100}$?
13. $2 − $1.50 _____
14. What is the total capacity of each set of containers?

    a (four 200mL CHOC MILK bottles)

    b (three 300mL FIZZ bottles)

15. A square has 4 sides and _____ lines of symmetry.

$\frac{}{15}$

D

Look for a pattern:
3 × 2 = 6 so
30 × 2 = 60

1. 27 + 14 _____
2. 35 + 18 _____
3. 43 − 21 _____
4. 98 − 64 _____
5. 5 × 4 _____
6. 50 × 4 _____
7. 40 ÷ 8 _____
8. 40 ÷ 5 _____
9. Number 300 more than 1 306 _____
10. 80, 72, _____, 56, 48
11. 121, 116, _____, 106, 101
12. Write the fraction shown

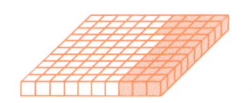

13. $2 − 50c _____
14. Measure this book opened:
    a across the 2 pages _____ cm
    b down the spine _____ cm
15. Name the shape of the cross-section:
    a _____
    b _____

$\frac{}{15}$

There are 1000 metres in 1 kilometre.
1000 m = 1 km

Road sign:
29 km Clayton   Alansdale 11 km
34 km Richmond   Green Hills 27 km
52 km Kedron   Oakleigh 35 km

1. Use the road sign to work out the distances:
   a Clayton to Alansdale: _____ km
   b Green Hills to Kedron: _____ km
   c Richmond to Alansdale: _____ km
   d Kedron to Oakleigh: _____ km
   e Oakleigh to Richmond: _____ km

2. If you were at Richmond, how far would you have to travel to reach Kedron? _____

Unit 23 Fun Spot!

1. Lisa drew a seahorse onto grid paper. Copy the seahorse using the blank squares as a guide.

2. Cameron made a giraffe from 7 pieces of paper cut from a square. Colour in the 2 pieces in the square that make the legs.

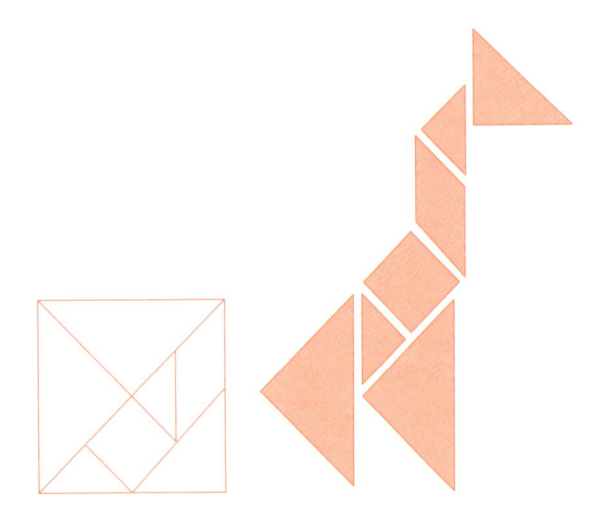

3. Kim made a dot-to-dot animal using ordinal numbers. Join the dots to find the animal.

4. Tait made a model of a farm.

   Looking from the left side, what will be:

   a in front of the stables? _____

   b behind the dog? _____

   c in front of the tree? _____

   d behind the house? _____

   e in front of the house? _____

5 Draw the mirror image of each shape:

a

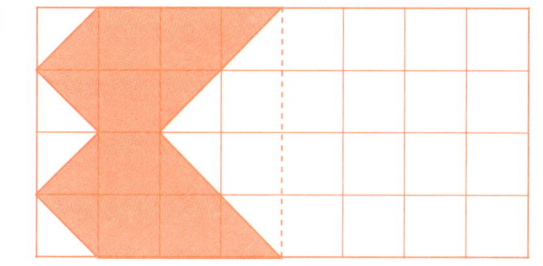

b

6 Look at the different paths.

A

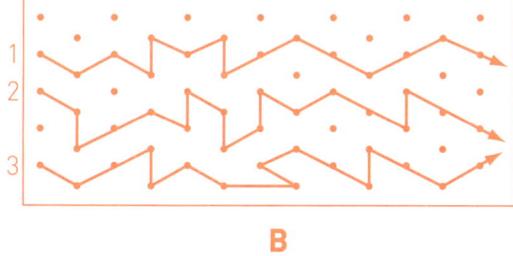

B

In each set of paths:

a Trace the longest path green

b Trace the shortest path blue

7 Tom made a robot from scraps.

Count the number of solids he used:

a cubes _____

b cylinders _____

c boxes _____

d cones _____

e pyramids _____

8 Pattern and colour these hexagons:

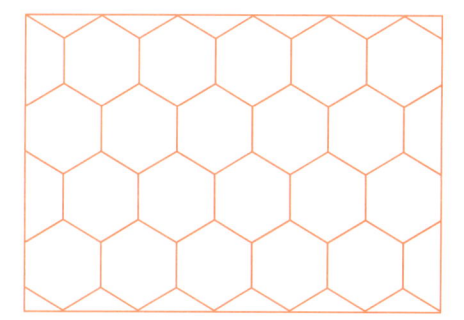

Unit 24 Revision A

1.
   a. 2 + 6 + 8 _____
   b. 25 − 13 _____
   c. 24 + 28 _____
   d. 40 − 18 _____
   e. 25 + 32 + 15 _____
   f. 39 − 19 _____
   g. 28 + 15 _____
   h. 96 − 43 _____

2.
   a. 6 × 3 _____
   b. 4 × 8 _____
   c. 7 × 6 _____
   d. 5 × 10 _____
   e. 9 × 4 _____
   f. 8 × 5 _____

3.
   a. 40 ÷ 10 _____
   b. 45 ÷ 5 _____
   c. 24 ÷ 3 _____
   d. 48 ÷ 8 _____
   e. 54 ÷ 6 _____
   f. 36 ÷ 4 _____

4.
   a. 10 more than 56 _____
   b. 100 + 50 + 2 _____
   c. Is 319 more than 390? _____
   d. 300 + 7 _____
   e. 1 000 + 20 + 4 _____
   f. 1 000 + 400 + 60 + 2 _____

5.
   a. 4 × 4 = 8 × ☐
   b. 4 × 6 = ☐ × 8
   c. 6 × ☐ = 9 × 2
   d. ☐ × 4 = 10 × 2

6.
   a. 110, 105, _____, 95, 90
   b. 142, 144, _____, 148, 150
   c. 456, 458, _____, 462, 464
   d. 650, 645, 640, _____, 630

7.
   a. Colour one quarter:
   b. Colour one half:
   c. What fraction is coloured?

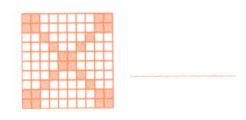

   d. Circle the smaller fraction:
      A   B

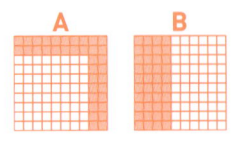

8.
   a. Add 16, 23 and 14 _____
   b. 37 plus 43 _____
   c. 40 minus 16 _____
   d. 97 take away 43 _____

9.
   a. 7 times 5 _____
   b. 6 multiplied by 8 _____
   c. 9 groups of 7 _____

10.
    a. How many 3s in 24? _____
    b. How many 5s in 30? _____
    c. 20 divided by 4 _____

Questions 11–13 refer to the graph some children in 3P made of their favourite lines.

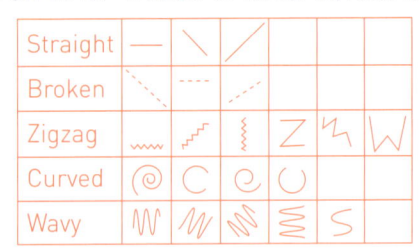

Straight	—	\	/		
Broken	⋯	----	∕		
Zigzag	∿	⋎⋎	⋮	Z	W
Curved	⊘	C	℮		
Wavy	∿	∿	⋍	Ξ	S

11. How many children chose:
    a. zigzag _____
    b. wavy _____

12. Which two lines were chosen equally? _____

13. How many children helped make the graph? _____

14. Order the shapes from smallest to largest: _____
    A   B   C

Revision B

1 Complete the pattern.
The dotted line is a line of symmetry.

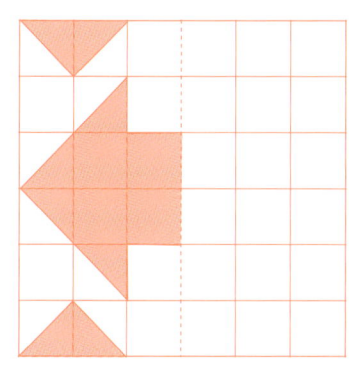

2 Find the change from $2 after buying:
  a an apple for 30c _____
  b a book for $1.65 _____
  c a pen for $1.45 _____
  d a ball for $1.85 _____

3 Complete:
  a 24 + 5 = 29 so 29 − 5 = ☐
  b 16 + 24 = 40 so 40 − 24 = ☐
  c 7 × 5 = 35 so 35 ÷ 5 = ☐
  d 2 × 3 = 6 so 20 × 3 = ☐

4 Place value of 2 in:
  a 326 _____
  b 1 256 _____
  c 642 _____
  d 1 027 _____

5 Write the numeral for each:
  a 4 hundreds 1 tens 9 ones _____
  b 7 hundreds 8 tens 5 ones _____
  c 1 thousands 0 hundreds 4 tens 7 ones _____

6 Draw all lines of symmetry.
How many for each shape?
  a
  b
  c
  d

7
  a 7 plus 4 plus 23 _____
  b 40 subtract 14 _____
  c Total 12, 6 and 18 _____
  d 37 take away 8 _____
  e Add 2 to 43 _____
  f 18 less than 49 _____

8 These bottles were filled with cups of sand. The number of cups needed was written on the bottle.

A 13   B 2   C 24   D 20

  a Which was the smallest bottle? _____
  b Order from largest to smallest capacity:
  _____

9 Write the number of tens in:
  a 36 _____   b 128 _____
  c 140 _____   d 499 _____
  e 1 257 _____ f 1 634 _____

Excel Mental Maths Strategies Year 3 – Unit 24

Unit 25

A

1. 25 + 12 _____
2. 24 + 7 + 3 _____
3. 28 − 17 _____
4. 24 − 12 _____
5. 4 × 8 _____
6. 7 × 3 _____
7. 40 ÷ 8 _____
8. 18, how many 2s? _____
9. 200 + 40 + 6 _____
10. 240, 245, _____, 255, 265
11. Even number after 164 _____
12. Half of 26 _____
13. 36 hundredths = _____ out of 100
14. Millimetres in 1 centimetre _____
15. Which shapes are:

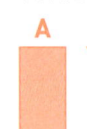

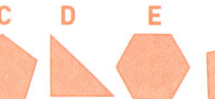

    A B C D E F

    a quadrilaterals
    _____

    b parallelograms
    _____

/15

B

1. 24 + 16 + 7 _____
2. Add 19, 11 and 24 _____
3. 23 − 7 _____
4. 25 − 9 _____
5. ☐ × 6 = 36
6. ☐ × 10 = 100
7. Share 7 pens into 2 bags: _____ and _____ left over
8. Share 9 between 4 bags: _____ and _____ left over
9. 2 000 + 300 + 70 + 4 _____
10. 380, 390, _____, 410, 420
11. Number before 280 _____
12. Which is larger: $\frac{3}{5}$ or $\frac{7}{10}$ _____
13. 0·53 = _____ hundredths
14. Area of square with 4 cm sides _____
15. Draw each face of the pyramid shown:

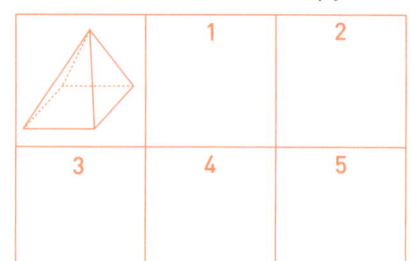

1	2
3	4	5

Sharing 5 pens into 2 bags, makes 2 in each bag and 1 left over.

/15

I read this as nought point four two.

0·42

I read this as zero point four two.

Join fractions which mean the same thing:

1.
   a 57 hundredths   0·43
   b 43 hundredths   0·71
   c 71 hundredths   0·57

2.
   a 0·17   38 hundredths
   b 0·95   17 hundredths
   c 0·38   95 hundredths

3.
   a 64 hundredths   0·82
   b 29 hundredths   0·64
   c 82 hundredths   0·29

4.
   a 0·59   87 hundredths
   b 0·87   41 hundredths
   c 0·41   59 hundredths

C

1. 36 + 18 _____
2. 42 plus 19 _____
3. 24 − 8 _____
4. 22 − 4 _____
5. 7 × ☐ = 56
6. 8 × 8 _____
7. Share 10 between 3: _____ remainder _____
8. Share 11 between 2: _____ remainder _____
9. 3 000 + 60 + 5 _____
10. 1 290, 1 300, _____, 1 320, 1 330
11. Ordinal number for 101 _____
12. $\frac{1}{2}$ of 16 _____
13. 46 hundredths = 0·46 True/false _____
14. Which has a mass greater than 1 kg?
    A   a pen
    B   your friend
    C   a ruler
    D   this book _____
15. Pyramids and prisms are named by their _____.

Remainder and left over mean the same thing.

D

1. Total of 43 and 28 _____
2. Add 26 and 26 _____
3. 35 − 7 _____
4. 37 − 18 _____
5. Ten times zero _____
6. 5 × 5 _____
7. Share 13 between 2: _____ r _____
8. Share 16 among 5: _____ r _____
9. Value of 5 in 2 597 _____
10. 1 498, _____, 1 518, 1 528, 1 538
11. Make the smallest number from 0, 1, 2 and 3 _____
12. $\frac{1}{8}$ of 16 _____
13. Which is larger, 0·3 or $\frac{4}{10}$?
14. 
    a   How many times can the 12 litre bucket be filled from the 1 litre cube? _____
    b   How many full bottles can be tipped into the bucket? _____
15. How many angles in a triangle? _____

Square numbers can be shown by dots in the shape of a square.

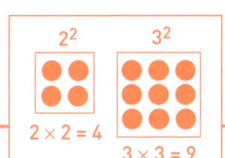

2^2 3^2
$2 \times 2 = 4$
$3 \times 3 = 9$

1. Draw dots in a square to show:
   a 4^2 4 × 4 = _____
   b 5^2 5 × 5 = _____
   c 6^2 6 × 6 = _____
   d 7^2 7 × 7 = _____

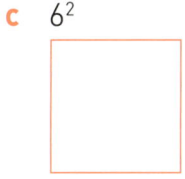

2. Multiply the given number by itself to square these numbers:
   a   8 × _____ = _____
   b   9 × _____ = _____
   c   10 × _____ = _____
   d   1 × _____ = _____

Excel Mental Maths Strategies Year 3 – Unit 25

Unit 26

A
1. 19 + 3 _____
2. 19 + 13 _____
3. 11 − 4 _____
4. 21 − 4 _____
5. 7 × 6 _____
6. 9 × 3 _____
7. 24, how many 3s? _____
8. 32 ÷ 4 _____
9. Place value of 4 in 436 _____
10. 372, 362, _____, 342, 332
11. Add 5 tens to 234 _____
12. $\frac{1}{8}$ is less than $\frac{3}{8}$. True/false _____
13. How many 20c coins in $4? _____
14. A Base 10 short is 1 cm³. Record the volume of each in cubic centimetres:

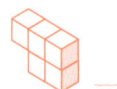

    a _____   b _____

    c _____

15. Which 3D shape has 6 square faces? _____

B
1. 23 + 37 _____
2. 33 + 17 _____
3. 22 − 4 _____
4. 32 − 4 _____
5. 5 × 4 + 4 _____
6. 8 × 2 + 3 _____

Think!
6 × 3 + 2
= 18 + 2
= 20

7. Share 21 between 2: _____ remainder _____
8. Share 17 among 4: _____ remainder _____
9. Which is larger, 1 256 or 1 265? _____
10. 612, 602, _____, 582, 572
11. Subtract 6 hundreds from 742 _____
12. Is $\frac{2}{2}$ = 1? _____
13. Pens are 4 for 20c. How much for 9 pens? _____
14. How many grams in 1 kilogram? _____
15. Draw the next 2 shapes in each pattern:

    a

    b

This is a caravan park key-board.
If there is no key, the caravan is hired.
If there is a key, the caravan is available.

	1	2	3	4	5	6	7	8
Row A	•	key	•	key	key	•	•	•
Row B	key	key	key	key	•	key	key	key
Row C	•	key	•	key	key	•	•	•
Row D	•	key	key	•	key	•	key	•

1. How many caravans are available in:
   a Row B? _____
   b Row D? _____
2. Is number 7 in Row C available? _____
3. How many caravans are available? _____
4. How many caravans altogether? _____
5. A broken pipe to Row B means campers have to move.
   They are all moved to the same row to fill it.
   Which row is that? _____
6. Draw a key in Row A number 6.

Answers on page A10

C

I can see a pattern: 24 − 8 = 16 so 34 − 8 = 26

1. 26 + 16 _____
2. 36 + 26 _____
3. 35 − 7 _____
4. 55 − 7 _____
5. 6 × 3 + 4 _____
6. 10 × 4 + 7 _____
7. Share 15 between 2: _____ remainder _____
8. Share 21 between 4: _____ remainder _____
9. 40 more than 1357 _____
10. 1 391, _____ , 1 411, 1 421, 1 431
11. Add 2 tens to 46 _____
12. Is $\frac{1}{2} = \frac{4}{8}$? _____
13. How many 50c coins in $12? _____
14. Measure each part of this line:

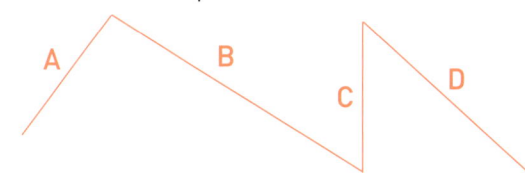

    A = _____ cm   B = _____ cm
    C = _____ cm   D = _____ cm

15. How many corners on a cylinder? _____

/15

D

1. 53 + 18 _____
2. 63 + 28 _____
3. 46 − 8 _____
4. 76 − 8 _____
5. Six groups of zero _____
6. 4 × 8 + 8 _____
7. Share 26 between 4: _____ r _____
8. Share 31 between 5: _____ r _____
9. 300 more than 2 568 _____
10. 1 037, 1 027, 1 017, _____ , 917
11. Add 4 tens to 126 _____
12. Write in words, $\frac{1}{4}$: _____
13. 100 ten cent coins in $1. True/false? _____
14. Which are measured in grams?
    A a car   B an egg   C a pencil
15. Name as prism, pyramid or cylinder:

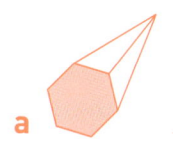

    a _____   b _____
    c _____

/15

Look at the map of Australia.

1. Which state is just:
   a north of Tasmania _____
   b south of Queensland _____
   c east of Northern Territory _____
   d west of South Australia _____

2. Which capital city is the most:
   a north _____
   b east _____
   c west _____
   d south _____

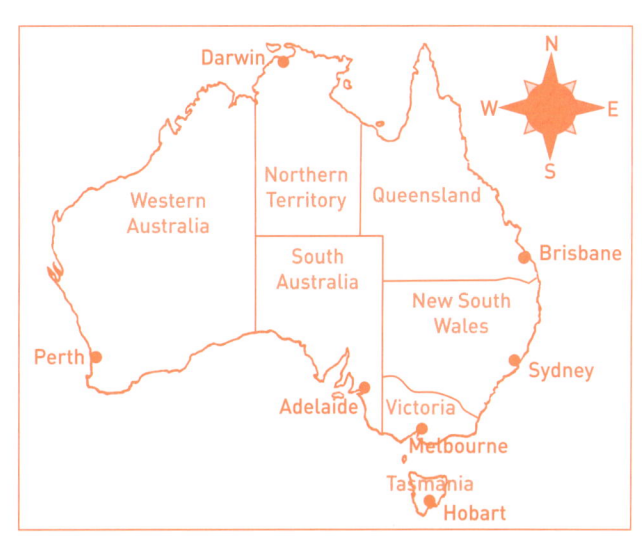

The sun rises in the east and sets in the west.

Excel Mental Maths Strategies Year 3 – Unit 26

Unit 27

A
1. 15 + 8 _____
2. 15 + 18 _____
3. 12 − 7 _____
4. 22 − 7 _____
5. 5 × 4 _____
6. 6 groups of 8 _____
7. Share 7 among 3: _____ remainder _____
8. Share 9 between 2: _____ remainder _____
9. 20 more than 257 _____
10. 406, _____, 386, 376, 366
11. 136, 138, _____, 142, 144
12. $\frac{3}{4}$ of 16 _____
13. Circle the larger: 0·3 or 0·03
14. Jo painted these cupboards. Which one needed the most paint?

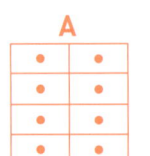

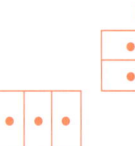

    A   B   C

15. A regular octagon has 8 sides and _____ lines of symmetry.

/15

B
1. 25 + 26 _____
2. 35 + 36 _____
3. 25 − 8 _____
4. 35 − 8 _____
5. 6 × 3 + 10 _____
6. 7 × 5 + 4 _____
7. 21 ÷ 2 = _____ remainder _____
8. 19 ÷ 3 = _____ remainder _____
9. Place value of 7 in 1 756 _____
10. 287, 297, _____, 317, 327
11. $\frac{1}{5}$, $\frac{2}{5}$, $\frac{3}{5}$, _____, 1
12. $\frac{4}{4}$ of 16 _____
13. 53 hundredths = 0·53 True/false _____
14. For summer:
    a list the months _____
    b the season before _____
    c the season after _____
15. How many:
    a surfaces? _____
    b edges? _____
    c corners? _____

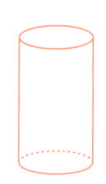

The months in winter are June, July, August.

/15

Measure the lines and record your answers:

1. _____ cm

2. _____ cm

3. _____ cm

4. What did you find? _____

Answers on pages A10–A11

C

1. 24 + 8 _____
2. 44 + 8 _____
3. 36 − 8 _____
4. 56 − 8 _____
5. 7 × 4 + 12 _____
6. 9 × 2 + 4 _____
7. 22 ÷ 4 = _____ r _____
8. 17 ÷ 2 = _____ r _____
9. Which is smaller, 1 352 or 1 532? _____
10. 1 124, 1 114, 1 104, _____, 984
11. $\frac{1}{8}$, $\frac{2}{8}$, _____, $\frac{4}{8}$, $\frac{5}{8}$
12. Which is smaller, $\frac{1}{4}$ or $\frac{7}{8}$? _____
13. 0·7 < 0·07 True/false _____
14. Draw this model made from 5 blocks:

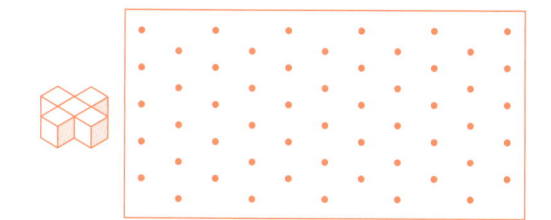

15. A compass needle always points _____.

D

1. 32 + 26 _____
2. 52 + 36 _____
3. 42 − 9 _____
4. 52 − 19 _____
5. 2 × 10 + 13 _____
6. First five multiples of 2 _____
7. 25 ÷ 3 = _____ r _____
8. 29 ÷ 4 = _____ r _____
9. Tens in 2 507 _____
10. 1 396, 1 401, 1 406, _____, 1 416
11. $\frac{59}{100}$, $\frac{60}{100}$, $\frac{61}{100}$, _____, $\frac{63}{100}$
12. Is $\frac{1}{8}$ less than $\frac{1}{4}$? _____
13. 0·6 > 0·06 True/false _____
14. a _____ millilitres in 1 litre
    b _____ millilitres in $\frac{1}{2}$ litre
15. Complete the drawing of the prism:

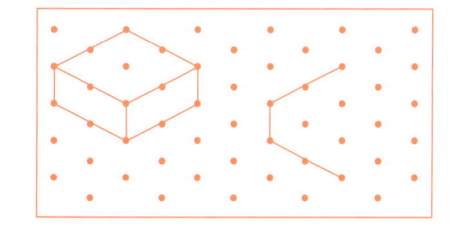

1.
   a 4 × 9 = _____   9 × 4 = _____   36 ÷ 9 = _____   36 ÷ 4 = _____ $\frac{1}{4}$ of 36 = _____
   b 5 × 9 = _____   9 × 5 = _____   45 ÷ 9 = _____   45 ÷ 5 = _____ $\frac{1}{5}$ of 45 = _____
   c 6 × 9 = _____   9 × 6 = _____   54 ÷ 9 = _____   54 ÷ 6 = _____ $\frac{1}{6}$ of 54 = _____
   d 7 × 9 = _____   9 × 7 = _____   63 ÷ 9 = _____   63 ÷ 7 = _____ $\frac{1}{7}$ of 63 = _____
   e 8 × 9 = _____   9 × 8 = _____   72 ÷ 9 = _____   72 ÷ 8 = _____ $\frac{1}{8}$ of 72 = _____

2. The first ten multiples of 9:

   _____, _____, _____, _____, _____,

   _____, _____, _____, _____, _____

Excel Mental Maths Strategies Year 3 – Unit 27

Unit 28

A

1. 16 + 7 _____
2. 26 + 7 _____
3. 13 − 5 _____
4. 23 − 5 _____
5. 8 × 4 _____
6. 7 groups of 6 _____
7. Share 13 between 2: _____ remainder _____
8. Share 11 between 3: _____ remainder _____
9. Hundreds in 356 _____
10. Is 9 × 2 = 6 × 3? _____
11. 0·03, 0·04, _____, 0·06, 0·07
12. $\frac{1}{4}$ of 16 _____
13. Cicle the smaller: 0·13 or 0·31
14. a 4: _____ past
    b 10: _____ to
    c 7: _____ past
15. Does a cone have a circle for a base? _____

These are the first 5 multiples of 4.
4, 8, 12, 16, 20

B

1. 24 + 17 _____
2. 34 + 27 _____
3. 26 − 9 _____
4. 36 − 9 _____
5. Which is larger, 5 × 4 or 20 × 0? _____
6. First five multiples of 10 _____
7. 26 ÷ 5 _____
8. 34 ÷ 10 _____
9. Place value of 1 in 1 904 _____
10. 10 × 10 = 90 + 10 True/false _____
11. 0·15, 0·20, 0·25, _____, 0·35
12. $\frac{1}{2}$ of 16 _____
13. Write the decimal for $\frac{1}{10}$ _____
14. Draw lines to match:

    | a | 183 centimetres | 1·27 m |
    | b | 164 centimetres | 1,83 m |
    | c | 127 centimetres | 1 m 64 cm |

15. The sun rises in the east. True/false _____

---

1. From the timetable, when will the:
   a 7:45 bus from Hill Top arrive at Green Valley _____
   b 8:05 bus from Hill Top arrive at One Tree Hill _____

2. How long does it take to travel from:
   a Green Valley to Blue Lake _____
   b Wood End to One Tree Hill _____

3. To arrive at One Tree Hill by 8:40, which bus should I catch from Green Valley? _____

Timetables help us work out what time to catch the bus and what time we will arrive.

OZ Bus Timetable

Hill Top	7:45	8:05
Wood End	7:49	8:09
Green Valley	7:57	8:17
Mt Beauty	8:03	8:23
Blue Lake	8:10	8:30
One Tree Hill	8:20	8:40

Excel Mental Maths Strategies Year 3 – Unit 28

C

1. 22 + 9 _____
2. 32 + 19 _____
3. 37 − 8 _____
4. 57 − 18 _____
5. First five multiples of 3 _____
6. Ten times ten _____
7. 25 ÷ 4 _____
8. 28 ÷ 3 _____
9. Hundreds in 1 527 _____
10. 5 × 5 = 6 × 4 True/false _____
11. 0·50, 0·55, 0·60, 0·65, _____
12. $\frac{3}{4}$ of 16 _____
13. Write the fraction for 0·56 _____
14. Which have an area greater than 1 m²:
    A school carpark
    B cover of this book
    C outline of your hand? _____
15. How many lines of symmetry on a regular triangle? _____

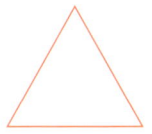

D

1. 33 + 18 _____
2. 43 + 28 _____
3. 34 − 15 _____
4. 54 − 25 _____
5. 9 × 8 + 8 _____
6. Is 8 a multiple of 2? _____
7. 42 ÷ 10 _____
8. 36 ÷ 5 _____
9. Which is larger, 3 097 or 3 907? _____
10. Is 6 × 2 = 3 × 4? _____
11. 0·71, 0·72, _____ , 0·74, 0·75
12. $\frac{4}{4}$ of 16 _____
13. Write the decimal for $\frac{6}{100}$ _____
14. Underline the item with the least mass in each:
    a bag of rocks or bag of leaves
    b car or bike
    c pencil or this book
    d rooster or feather
15. How many lines of symmetry on a regular pentagon? _____

A regular hexagon has 6 lines of symmetry.

Allison and Leo sorted their marbles into colours and made this graph:

This is a column graph.

a Which colour did they have the most? _____
b Which colour did they have the least? _____
c How many marbles altogether? _____
d How many more yellow marbles than blue ones? _____
e Leo lost the red marbles. How many marbles left now? _____

Excel Mental Maths Strategies Year 3 – Unit 28

Unit 29

A

1. 17 + 8 _____
2. 27 + 8 _____
3. 14 − 7 _____
4. 23 − 7 _____
5. 9 × 3 _____
6. 5 × 0 _____
7. Share 15 between 2: _____ remainder _____
8. Share 17 among 3: _____ remainder _____
9. 30 more than 333 _____
10. 7, 10, 13, _____, 19
11. 0·31, 0·30, _____, 0·28, 0·27
12. $\frac{1}{8}$ of 24 _____
13. 37 out of 100 as a decimal _____
14. a 1 kilogram = _____ grams
    b $\frac{1}{2}$ kilogram = _____ grams
15. Label as prism or pyramid:
    a _____
    b _____

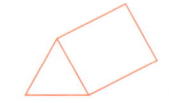

B

1. 25 + 16 _____
2. 35 + 26 _____
3. 26 − 8 _____
4. 36 − 8 _____
5. Is 16 a multiple of 4? _____
6. Which is smaller, 2 × 6 or 1 × 10? _____
7. 28 ÷ 5 _____
8. 32 ÷ 3 _____
9. Hundreds in 1 597 _____
10. 124, 129, _____, 139, 144
11. 0·45, 0·46, 0·47, _____, 0·49
12. $\frac{3}{8}$ of 24 _____
13. Decimal between 0·57 and 0·59 _____
14. a 11: _____ to
    b 12: _____ past
    c 2: _____ to
15. Is Queensland north of New South Wales? _____

Tasmania is south of Victoria.

OCTOBER						
Sunday	Monday	Tuesday	Wednesday	Thursday	Friday	Saturday
			1	2	3	4
5	6	7	8	9	10	11
12	13	14	15	16	17	18
19	20	21	22	23	24	25
26	27	28	29	30	31	

30 days has September, April, June and November, All the rest have 31, except February, Which has 28 days clear, And 29 in a leap year.

Use the calendar to answer these questions.

1. How many:
   a Fridays? _____   b Tuesdays? _____

2. What day does:
   a September finish? _____
   b November start? _____

3. What is the date of the:
   a first Monday? _____
   b third Wednesday? _____
   c last Friday? _____

4. On which day of the week is:
   a 8th? _____
   b 21st? _____

C

1. 23 + 8 _____
2. 43 + 8 _____
3. 38 – 9 _____
4. 58 – 19 _____
5. Is 7 a multiple of 27? _____
6. Which is larger, 6 × 3 or 4 × 4? _____
7. 37 ÷ 4 _____
8. 37 ÷ 6 _____
9. Place value of 6 in 1 697 _____
10. 161, 166, _____, 176, 181
11. 0·51, 0·52, _____, 0·54, 0·55
12. $\frac{5}{8}$ of 24 _____
13. Decimal for 83 out of 100 _____
14. Millimetres in 3 cm _____
15. Name the shape of each cross-section:

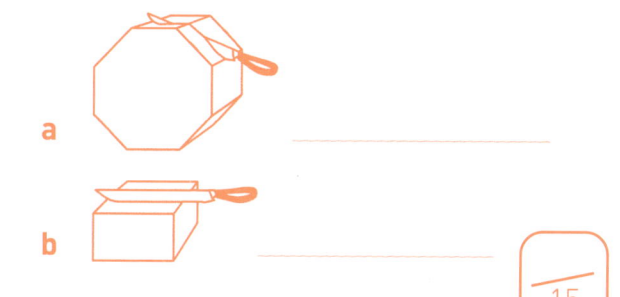

    a _____

    b _____

D

These all mean the same thing.

$\frac{50}{100}, \frac{5}{10}, \frac{1}{2}, 0·50, 0·5$

1. 36 + 15 _____
2. 56 + 25 _____
3. 35 – 16 _____
4. 65 – 16 _____
5. Is 14 a multiple of 4? _____
6. 6 × 6 + 12 _____
7. 27 ÷ 4 _____
8. 51 ÷ 5 _____
9. Which is smaller, 2 406 or 2 640? _____
10. 227, 231, _____, 239, 243
11. 0·66, 0·65, _____, 0·63, 0·62
12. $\frac{7}{8}$ of 24 _____
13. Write the decimal for $\frac{1}{2}$ _____
14. Floors A, B and C are to be tiled:

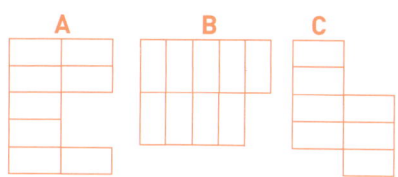

    a Which floor needs the most tiles? _____

    b Order the areas from smallest to largest _____

15. The sun sets in the _____.

Use colour to match each prism with the correct set of faces:

a 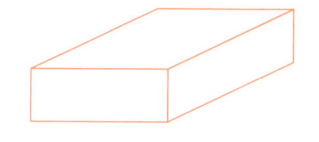   b 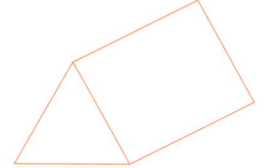   c 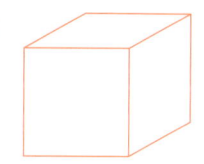   d

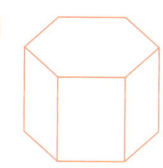

W    X

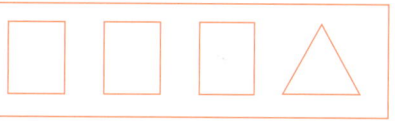

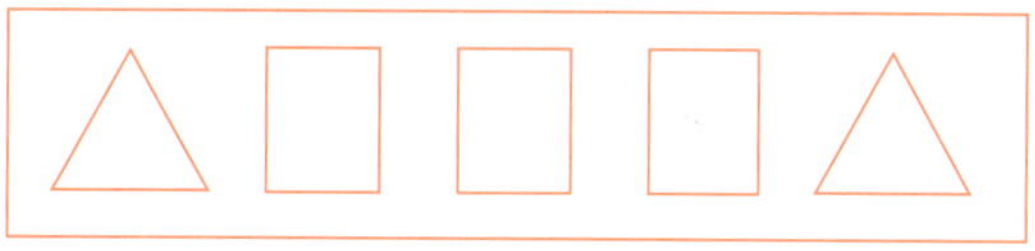

Y 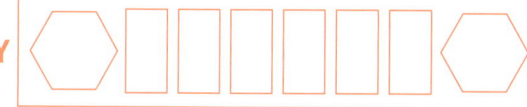   Z

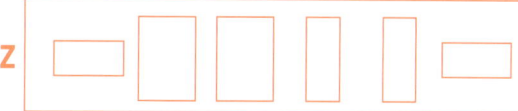

Excel Mental Maths Strategies Year 3 – Unit 29

77

Unit 30

A

1. 17 + 9 _____
2. 17 + 19 _____
3. 14 − 8 _____
4. 24 − 8 _____
5. 4 × 8 _____
6. 6 groups of zero _____
7. Share 19 between 2: _____ r _____
8. Share 20 between 3: _____ r _____
9. 40 more than 444 _____
10. Is 10 × 2 = 5 × 4? _____
11. 0·61, _____, 0·59, 0·58, 0·57
12. $\frac{1}{3}$ of 24 _____
13. 42 out of 100 as a decimal _____
14. Minutes from 10:50 am to 11:10 am? _____
15. NSW is south of Victoria. True/false _____

Look for the pattern:
12 + 8 = 20
so 22 + 18 = 40

B

1. 26 + 15 _____
2. 36 + 25 _____
3. 26 − 9 _____
4. 46 − 9 _____
5. Is 5 a factor of 15? _____
6. Which is larger, 10 × 10 or 25 × 1? _____
7. 29 ÷ 5 _____
8. 34 ÷ 3 _____
9. Thousands in 2 506 _____
10. 124, 128, _____, 136, 140
11. 0·48, 0·49, _____, 0·51, 0·52
12. $\frac{2}{3}$ of 24 _____
13. Decimal between 0·59 and 0·61 _____
14. How many 500 gram masses are needed to equal 1 kg? _____
15. What directions are halfway between north and south? _____

Multiplication facts are related.

Yes! I know 6 × 3 is double 3 × 3

1
×	3	6	2	9	4	7	5	8	10
2									
4									

2
×	6	3	7	2	10	4	8	5	9
5									
10									

3
×	2	6	3	8	10	4	7	5	9
3									
6									

4
×	5	2	7	3	8	4	9	6	10
4									
8									

Excel Mental Maths Strategies Year 3 – Unit 30

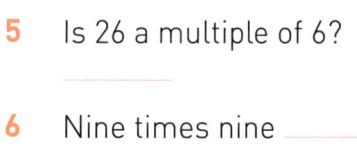

C

1. 34 + 9 _____
2. 44 + 19 _____
3. 37 − 8 _____
4. 47 − 18 _____
5. Is 26 a multiple of 6? _____ 
6. Nine times nine _____
7. 41 ÷ 4 = _____
8. 41 ÷ 10 _____
9. 1 000 + 300 + 4 _____
10. 10 × 3 = 6 × 5
    True/false _____
11. 0·79, 0·78, _____, 0·76, 0·75
12. $\frac{3}{3}$ of 24 _____
13. Write the decimal for $\frac{1}{4}$ _____
14. How many cm in 90 mm? _____
15. Label the shape:
    depth
    length
    breadth

NSW is on the east coast of Australia.

/15

D

1. 27 + 17 _____
2. 47 + 27 _____
3. 35 − 18 _____
4. 55 − 18 _____
5. Is 39 a multiple of 9? _____
6. First five multiples of 4 _____
7. 37 ÷ 4 _____
8. 37 ÷ 9 _____
9. 2 000 + 50 + 6 _____
10. 1 216, 1 116, 1 016, _____, 816
11. $\frac{5}{10}$, $\frac{6}{10}$, _____, $\frac{8}{10}$, $\frac{9}{10}$
12. $\frac{5}{12}$ of 24 _____
13. Write the decimal for $\frac{3}{4}$ _____
14. How many 250 g masses are needed to equal 1 kg? _____
15. What direction is halfway between north and east? _____

A map helps you find places.

/15

Look at the map and answer the questions.

1. What are the coordinates of the:
   a. dam _____
   b. cave _____
   c. forest _____
   d. mountains _____

2. On this map, draw:
   a. B3 — shed
   b. D1 — haystack
   c. F4 — fence
   d. B5 — dingo

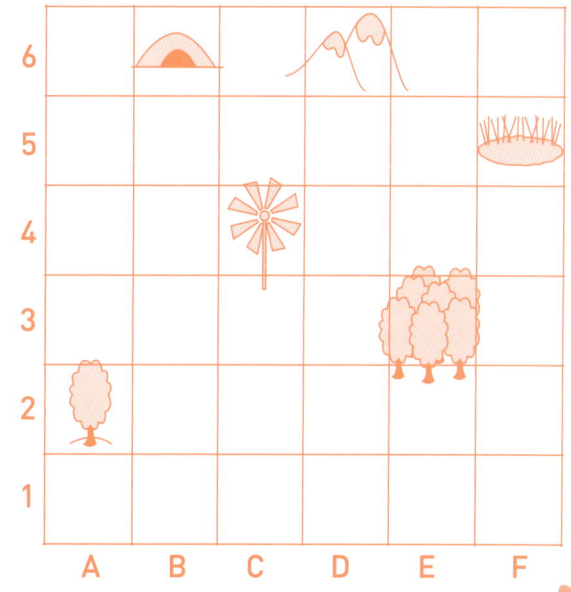

First read the bottom coordinate and then read the side coordinate.

Excel Mental Maths Strategies Year 3 – Unit 30

Unit 31 Fun Spot!

1. Find your way through the maze.

   START

   FINISH

2. a Complete the tessellating hexagons.
   b Pattern and colour your design.

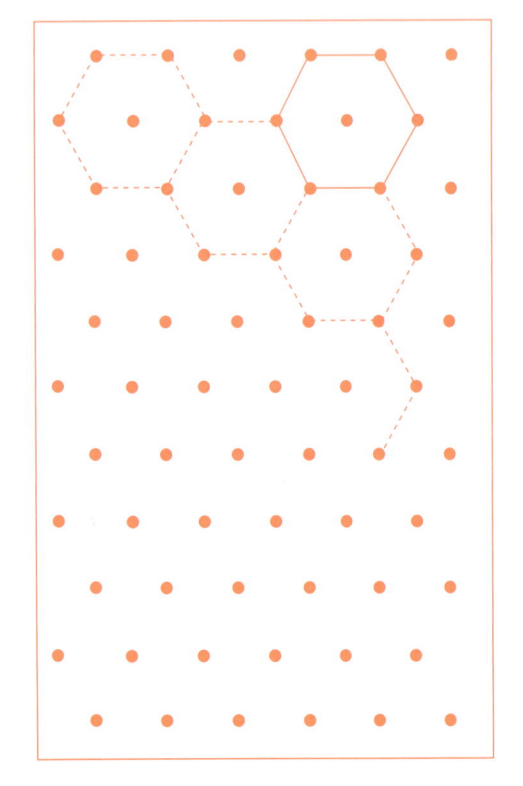

Look at these three shapes carefully and answer questions 3 and 4.

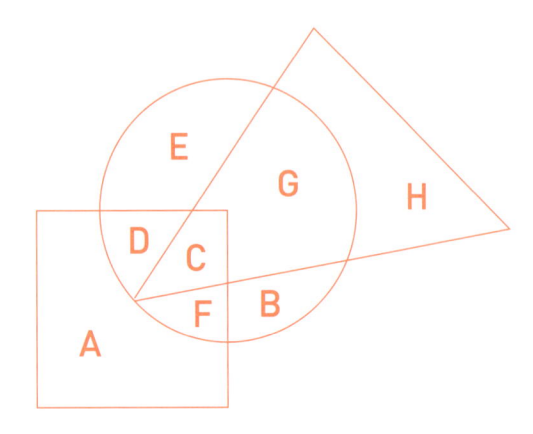

3. Which letter is in:
   a the square, but not in the circle or triangle? _____
   b the circle and triangle but not in the square? _____
   c the triangle, the circle and the square? _____

4. Which 2 letters are in:
   a the square and the circle, but not in the triangle? _____
   b the circle, but not in the triangle nor the square? _____

5. Use colours to pattern these hexagons:
   a 
   b 
   c

6 Jason printed with the shaded base of the prisms and pyramids. Match the letter on the solid to the shape he printed.

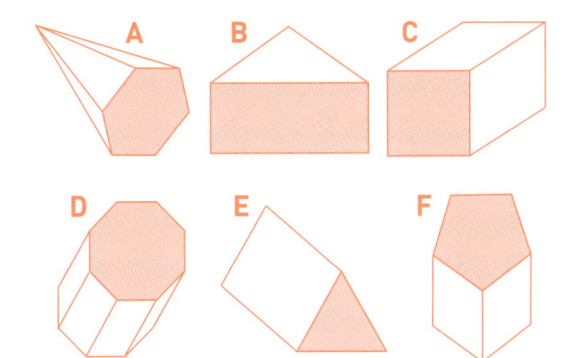

a square _____
b hexagon _____
c triangle _____
d rectangle _____
e pentagon _____
f octagon _____

7 Sandra built a toy-box with an open top.

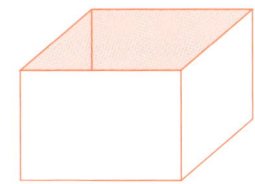

Colour the pieces of cardboard that she used.

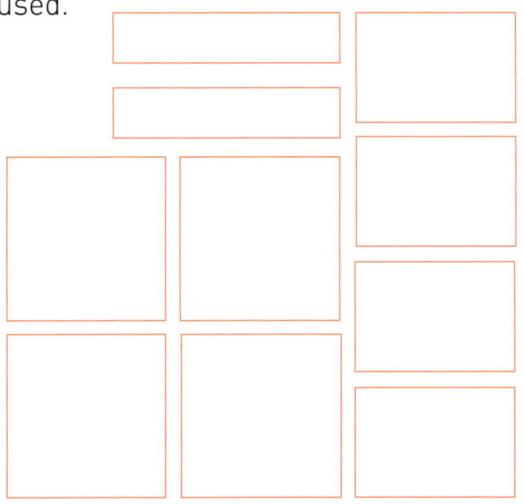

8 Complete these tile patterns by sliding tiles to the right or down.

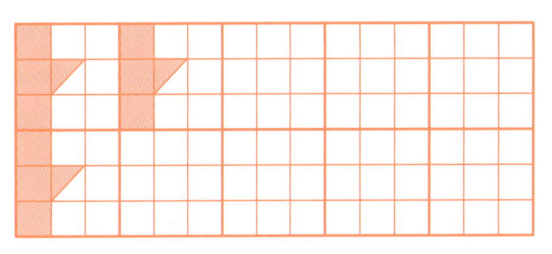

9 Complete these tile patterns by flipping tiles to the right or down.

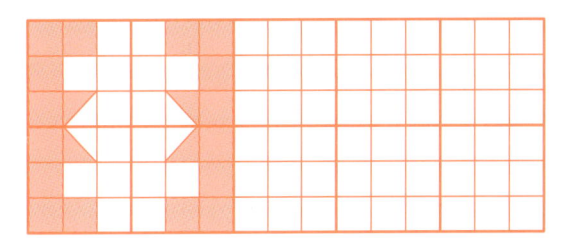

10 Colour this pattern of triangles and hexagons.

Unit 32 Revision A

1
- a 16 + 9 _____
- b 16 − 8 _____
- c 36 + 9 _____
- d 34 − 9 _____
- e 24 + 17 _____
- f 56 − 19 _____
- g 37 + 34 _____
- h 64 − 17 _____

2
- a 9 × 6 _____
- b 7 × 10 + 5 _____
- c 6 × 0 _____
- d 7 × 8 _____

3
- a 63 ÷ 9 _____
- b 27 ÷ 3 _____
- c 26 ÷ 5 _____
- d 32 ÷ 4 _____
- e 55 ÷ 6 _____
- f 33 ÷ 8 _____

4
- a 40 more than 256 _____
- b 50 less than 197 _____
- c Is 1 256 larger than 1 562? _____
- d 1 000 + 500 + 60 + 3 _____
- e 1 000 + 400 + 9 _____
- f 1 000 + 30 + 5 _____

5
- a Tens in 642 _____
- b Hundreds in 1 423 _____
- c Tens in 1987 _____

6
- a 0·41, 0·42, _____, 0·44, 0·45
- b 0·61, 0·60, _____, 0·58, 0·57
- c $\frac{1}{5}, \frac{2}{5},$ _____ , $\frac{4}{5}, \frac{5}{5}$
- d $\frac{49}{100}, \frac{50}{100},$ _____ , $\frac{52}{100}, \frac{53}{100}$

7
- a $\frac{1}{4}$ of 16 _____
- b $\frac{1}{2}$ of 16 _____
- c $\frac{3}{4}$ of 16 _____
- d $\frac{4}{4}$ of 16 _____

8 Cost of:
- a 2 apples at 70c each _____
- b 3 pens at 30c each _____
- c 4 drinks at 50c each _____

9 Which is larger:
- a 6 × 3 or 5 × 4 _____
- b 7 × 2 or 5 × 3 _____
- c 7 × 8 or 6 × 9 _____
- d 10 × 4 or 7 × 6 _____

10 Place value of 6 in:
- a 264 _____
- b 3 691 _____
- c 106 _____

11 Complete the label for each face:
- a 12: _____ past
- b 10: _____ to

12 List the first 6 multiples of:
- a four _____
- b six _____
- c nine _____

13 Colour the container that holds more than 1 litre:
A B C

14 Write the decimal:
- a for 42 out of 100 _____
- b between 0·49 and 0·51 _____
- c for $\frac{1}{10}$ _____

Revision B

1. Draw the lines to match:
   a 3:15   9 minutes past 10
   b 7:31   quarter past 3
   c 10:09   29 minutes to 8

2. Colour the item that has a mass less than 1 kilogram:
   A POTATOES
   B POTATO CHIPS

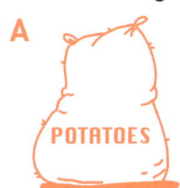

3. Write in words:
   a 481

   b 1 814

   c 841

4. Tick the things longer than 1 metre:
   A bed
   B pen
   C car

5. Complete for the regular shapes:

Number of:	A	B	C	D
sides				
angles				
lines of symmetry				
Name				

6. What is the name of:
   a the first month of the year

   b the last month of the year

7. Name the months in spring

8. What unit of time is used to measure how long it takes to:
   a read a thick book
   b wash your hands
   c eat your lunch

9. Label these as prism, pyramid or cube:
   a 
   b 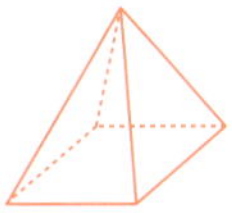
   c 
   d
   e 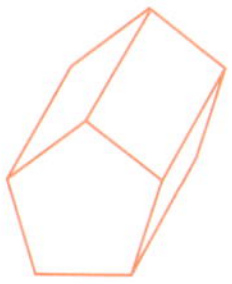
   f

Answers on page A12

Excel Mental Maths Strategies Year 3 – Unit 32

INDEX TO HELP SECTION

A
abacus 7
addition 2
  money 11–12
analog time 15
angles 16
apex 16, 18
area 13
arm of angle 16
array 4, 6
axis of symmetry 17

B
base of shape 16, 18–19
base ten material 7, 14
bigger numbers 7
breadth 12
bridging the decades 2, 3
bridging to ten 2

C
capacity 14
cents and dollars 11–12
circle 16
common fraction 9
compass 19
compensation strategy 2
cone 18, 19
converting units see units
coordinates 19
corners 16, 18–19
counting on/back 2, 3
cross-section 18
cube, solid 14, 18–19
cubic centimetre 14
cylinder 18–19

D
days in months 15
decimals 9, 11–12
denominator 9
depth 12
difference see subtraction
digital time 15

digits in numbers 7
divisibility 6
division 5–6
  money 11–12
dollars and cents 11–12
doubles 2

E
east 19
edge of solid 18
emptying containers 14
equivalent fractions 10
even numbers 8
expanded notation 6–7
expander for numerals 7–8

F
face of solid 18–19
factors 4
fair share 6
filling containers 14
flip a shape 17
fractions 9–12
  equivalent 10
  part of whole/group 10

G
geometry 16–19
gram 14
grid 19
grouping 5

H
height of solid 12
hexagon 17
hours 15

I, J, K
irregular shape 17
jump strategy 2, 3
kilogram 14

L
larger numbers 7
length 12–13
less than see subtraction

line of symmetry 17
litre 14

M
map 19
mass 14
metre 12
minus see subtraction
minutes 15
mirror image 17
missing values 9
money 11–12
months 15
movement of shapes 17
multiples 4
multiplication 3–5

N
net of solid 19
north 19
number patterns 8
number sentences 9
numerals 7–8
numerator 9

O
odd numbers 8
ordinal numbers 8

P
parallel lines 16
parallelogram 17
patterns 8
  for multiplication 3
pentagon 16
perimeter 13
perpendicular lines 16
place value 6–8
plane shapes 12–13, 16–18
plus see addition
polygons 16–17
position 19
prism 14, 18–19
problem solving, money 12

product 4
pyramid 18–19

Q, R
quadrilateral 17
quotient see division
rectangle 16–19
regular shape 16
remainder 5
reverse operation 4, 6
rhombus 17

S
seconds 15
shapes, flat 12–13, 16–18
sharing 5, 6
shopkeeper's method 11
skip counting 3
slide a shape 17
smaller numbers 7
solid shapes 12, 14, 18–19
  net 19
south 19
spheres 18
split strategy 2, 3
square 13, 17–19
square centimetre 13
square numbers 4
strategies
  add/subtract 2
  multiply 3–4
  divide 6
subtraction 2–3
  money 11–12
sum see addition
surface of solid 18–19
symmetry 17

T
tables chart 3
tally marks 8
tessellation 18
test for divisibility 6

three-dimensions see solid
time 15–16
timetable 16
trapezium 17
triangle 16–19
turn a shape 17
two-dimensions 12–13, 16–18

U, V
units
  area 13
  capacity 14
  length 12
  mass 14
  time 15
  volume 14
vertex 16, 18–19
view of solid 19
volume 14

W, Z
west 19
width 12
words for numerals 7
zero 4–5, 8

Copyright © 2004 Alan Parker and Jan Faulkner
Reprinted 2006, 2007, 2008, 2009 (twice), 2011 (twice)

ISBN 978 1 74125 180 7

Pascal Press
PO Box 250
Glebe NSW 2037
(02) 8585 4044
www.pascalpress.com.au

Publisher: Vivienne Joannou
Project editor: Emma Driver
Edited by May McCool
Original page design by Jelly Design
Typesetting and additional design by Precision Typesetting Services (Barbara Nilsson)
Cover by DiZign Pty Ltd
Printed by Green Giant Press

Reproduction and communication for educational purposes
The Australian *Copyright Act 1968* (the Act) allows a maximum of one chapter or 10% of the pages of this work, whichever is the greater, to be reproduced and/or communicated by any educational institution for its educational purposes provided that the educational institution (or the body that administers it) has given a remuneration notice to Copyright Agency Limited (CAL) under the Act.

For details of the CAL licence for educational institutions contact:
Copyright Agency Limited
Level 15, 233 Castlereagh Street
Sydney NSW 2000
Telephone: (02) 9394 7600
Facsimile: (02) 9394 7601
E-mail: enquiry@copyright.com.au

Reproduction and communication for other purposes
Except as permitted under the Act (for example a fair dealing for the purposes of study, research, criticism or review) no part of this book may be reproduced, stored in a retrieval system, communicated or transmitted in any form or by any means without prior written permission. All inquiries should be made to the publisher at the address above.